Renate Daimler · Rituale und Orte der Kraft

Renate Daimler

Rituale und Orte der Kraft

Geheimnisvolle Begegnungen

Fotografiert von
Manfred Horvath

Deuticke

Inhalt

Vorwort

Ein Buch ist ein lebendiges Wesen, das seinen Weg geht, den niemand ungestraft stören darf.

Am Anfang war das Ziel klar definiert. Ich wollte von Kraftorten und Menschen, die an sie glauben, erzählen. Das Buch schien damit einverstanden zu sein und mit ihm mein Verleger.

Kaum begann es zu entstehen, nahm es nach wenigen Monaten einen eigenen Willen an, der sich so weit von meiner ursprünglichen Idee entfernte, daß ich mich gezwungen sah, all das loszulassen, was ich mir einmal vorgestellt hatte. Es war, als hätten wir gemeinsam einen Pfad beschritten, der mir vertraut war. Doch bald verwandelte er sich in eine unbekannte Straße, die mich in vollkommen fremde Welten führte.

Dieses Buch hat seinen Rahmen gesprengt, ohne mich zu fragen. Und als ich dessen gewahr wurde, war es schon zu spät. Da befanden sich die Orte der Kraft plötzlich im Inneren der Menschen, da stellten sich hohe Berge als Lebewesen vor. Es ging um Seen, die so groß waren, daß es einen rituellen Rahmen brauchte, der den Platz eingrenzte, und um eine afrikanische Heilerin, die meinen Seelenzustand aus Knochen las. Dann wieder begegnete mir die Seele einer Stadt und wollte getröstet werden, weil wir Menschen ihren Lebensraum beschneiden. Ich lernte Elfen kennen und Wälder, die zu mir sprachen. Ich mußte meine Angst vor der Dunkelheit besiegen, um allein an einem Wasserfall zu stehen.

Manchmal, wenn ich von Ritualen erzählen wollte, mit denen dieses Buch nicht einverstanden war, vielleicht weil sie nicht paßten oder die Absicht der Menschen, die sie organisierten und durchführten, nicht ganz klar war, wurde es ungehalten. Dann wurde ich als »Journalistin, die nur zusehen will«, diffamiert, oder die Umstände waren so schwierig, daß ich meinen Plan aufgeben mußte.

Wenn ich dann verzagt war und nicht wußte, wie es weitergeht, dann sprach das Buch zu mir. Meistens um vier Uhr morgens, das war seine Zeit. Ich erwachte plötzlich aus dem Schlaf und hörte eine Antwort auf die Frage, mit der ich eingeschlafen war.

Eines Tages, der Verlag hatte mir gerade einen ersten Entwurf zum Buchumschlag gezeigt, hatte ich einen Traum. Ich sah einen Waldweg, und am rechten Wegrand stand mein Friedensstab, jenes Stück Holz, das ich an einem der Wasserfälle gefunden hatte. Als ich näher hinsah, bemerkte ich, daß dieses Bild eine bestimmte Form hatte: Es war ein Buchumschlag, und ich bin dankbar, daß es möglich war, ihn tatsächlich genau so umzusetzen.

Für die Menschen, die mich in diesem Jahr begleitet haben, war es eine große Herausforderung, und ich danke ihnen allen für ihre Geduld und Hingabe.

Manfred, der tagelang mit seiner schweren Fotoausrüstung fast unsichtbar dabei war, auch als ich siebzehn Stunden über vier heilige Berge lief. Der im Regen und völlig durchnäßt mit seinem Stativ im Bodensee stand und nachts vor einem beleuchteten Indiandertipi saß, um wenigstens von außen ein paar Fotos zu schießen.

Sabine, meine Lektorin, die immer wieder bereitwillig neuen Ideen folgte. Kein Text war nach seiner Fertigstellung vor Änderungen sicher. Es genügte dem Buch nicht, von *einem* Wasserfall zu erzählen. Nein, es wurden übers Jahr verteilt drei, so als ob es mir immer wieder tiefere Schichten desselben Themas zeigen wollte.

Ich danke meinem Verleger für seine Flexibilität und sein Vertrauen. Er hat in dieses Buch investiert und ging das Wagnis ein, etwas ganz anderes zu drucken, als er erwartet hatte.

Besonders danken möchte ich allen, die mir erlaubt haben, diese Rituale aufzuschreiben. Ohne diese wunderbaren Menschen hätte das Buch nie entstehen können. Sie haben mir Türen zu sehr persönlichen Erfahrungen geöffnet und damit eine Welt erschlossen, die mir ohne sie fremd geblieben wäre. Sie haben mir vertraut, daß meine Absicht rein ist, und mich durch ihren Mut, das Unsichtbare öffentlich zu machen, darin bestärkt, meinen eigenen Weg zu gehen.

Renate Daimler, Wien, im Winter 2001/02

Von alten Kultsteinen, weisen Frauen und Männern und von zerbrechlicher Magie

»Als der Sohn Gottes bei seiner Erdenwanderung müde wurde, ließ er sich auf einem Stein nieder und legte seinen Rucksack neben sich. Der Wald, in dem er sich ausruhte, war von besonderer Schönheit, und rings um ihn, so als hätte sie jemand absichtlich angeordnet, sah er eine Vielzahl ungewöhnlicher Steine, die sich alle in ihrer Form unterschieden. Als er wieder aufstand, sah er, daß nicht nur sein Körper, sondern auch sein Ranzen eine Mulde im Stein hinterlassen hatte. Da dachte Jesus: ›Ich werde den Menschen ein Geschenk machen.‹ Von da an war in den Vertiefungen Heilwasser, das nie versiegte. Nicht einmal in dem heißen Sommer, als Tankwagen kommen mußten, weil alle Brunnen ausgetrocknet waren.«

Die Männer, die sich im Hinterzimmer der Imbißstube am Hauptplatz von Kautzen gerne zu einem Bier treffen, nicken bedächtig mit dem Kopf. Sie sind zufrieden mit dem, was ihr Freund, den sie als Sprecher bestimmt hatten, zu berichten wußte.

»Ja, so ist die Geschichte vom Skorpionsplatz richtig erzählt.«

Aber schon bei der Beschreibung, was das Wasser im »Herrgottstein« bewirkt, wenn man Lippen und Augen benetzt, gehen die Meinungen auseinander. Während Guido, der Wünschelrutengänger, Augenleiden damit heilen will, ist Franz, der ehemalige Vizebürgermeister, davon überzeugt, daß »einem leichte Sünden vergeben werden«. Wer einen magischen Ort erforschen will, sollte sich Zeit nehmen und akzeptieren, daß es nicht nur *eine* Geschichte gibt. Und wissen, daß es von Vorteil ist, wenn man den unsichtbaren Hüter des Platzes fragt, ob man erwünscht ist an diesem Tag. Kurz nach dem Ort Horn hatte mir am Morgen eine dichte Nebelwand den Weg ins Waldviertel versperrt. War das eine Antwort?

»Jeder, der hierher gefunden hat, muß sich keine Gedanken mehr machen, ob er willkommen ist oder nicht.«

Inmitten einer Farborgie aus bemalter Leinwand sitzt Manfred Stein, »Platzwart« des Skorpions und vor zehn Jahren in »einer Woge der Gesellschaftsverweigerung« in Kautzen angespült. Wenn er nicht malt, beschäftigt sich der Architekt mit Geomantie und zeichnet Verbindungslinien zwischen den Kraftorten Österreichs.

»Es sind die Akupunkturstellen der Erde, und auf dem Skorpionsplatz laufen viele zusammen ...«

Dazwischen berät er Fremde auf der Suche nach den geheimnisvollen Steinen im Wald. Sein Service ist kostenlos: eine Skizze vom Platz – die zwölf Steine sind wie das Sternbild des Skorpions angeordnet –, ein Anrufungsgebet in Gedichtform für die, denen selbst nichts einfällt, und jede Menge Information.

Begleiten will er die Gäste nicht.

»Ich bin ein Manipulator. Meine Energie ist so stark, daß die Menschen ihre eigenen Gefühle nicht mehr spüren. Sie müssen allein gehen«, sagt er und gibt mir noch eine Kurzversion der Geschichte mit.

»Am Skorpionsplatz geht es um Geburt und Tod, um Verwandlung und Erneuerung. Wie alt die Kultstätte ist, weiß niemand. Aber gebetet und um Rat gefragt haben die Menschen hier schon immer. Und je nachdem, wer erzählt, sind auf den Steinen die ›heiligen Apostel gesessen, die Jesus begleitet haben‹, oder ist ›die Priesterin hinter einer

Frau gekniet, die mit gespreizten Beinen bei Sonnenaufgang die Energie der Fruchtbarkeit erwartet hat‹. Der ›Warzenstein‹, im Volksmund ein garantiert sicheres Heilmittel, wenn man bei Neumond die Warze ins Wasser taucht und das richtige Sprüchlein weiß, hat ebenfalls mehrere Bedeutungen. Man nennt ihn auch ›Scherenstein‹, nicht nur, weil er an der linken Schere des Skorpions liegt. Er schneidet alle Fäden zur Vergangenheit ab und verhilft den Menschen zur Erneuerung.«

Ich stehe im Wald. Es ist später Nachmittag, und es ist klirrend kalt. Die Zeichnung, die mir Manfred Stein mitgegeben hat, verwirrt mich. So viele Steine, so viele Namen. Ich soll vom Schwanz Richtung Kopf gehen und folge einem schmalen Trampelpfad im Schnee.

Beim »Energiestein«, den die Männer im Wirtshaus »Schwurstein« nannten, lege ich meine Hände in die Scharten, die wahrscheinlich von Menschenhand gemeißelt wurden. Es ist ein riesiger Stein, und ich komme mir ganz klein vor, als ich so dastehe. Hier haben schon vor Tausenden von Jahren die Menschen zu ihren Göttern gebetet, erzählt die Sage. Es ist genug Platz für viele Hände nebeneinander. Hier mußte niemand alleine beten. Ich fühle mich einsam.

Ein Stück weiter finde ich den »Gebär- und Opferstein«, die Männer im Wirtshaus haben ihn mir genau beschrieben.

»Und achten Sie auf die dunklen Stellen am Stein, das ist altes Blut.«

Leben und Tod eng nebeneinander. Links die sogenannte »Blutrinne«, der Stein ist tatsächlich rot. Rechts davon eine breite, bequeme Ausbuchtung, ein Gebärstuhl im Wald, bei dem sogar die Mulde für den Kopf nicht fehlt.

Es ist schon dämmrig, die Felsblöcke schimmern hell in

ihren Schneekleidern. Ich habe die Zeichnung längst in meine Tasche gesteckt und folge den Pfaden durch den Wald. Von Stein zu Stein, ohne Beschreibung, ohne den Wunsch, das, was ich spüre, mit meinem Verstand zu erfassen. Dieser Ort braucht für mich keinen Reiseführer. Zur Erdung gibt es in Kautzen im Gasthaus zum Saturn das »Ufomenü«. Nicht daß hier jemand wirklich an fliegende Untertassen glaubt. Aber »Venussalat« und »Ufospitz mit Lavasauce« machen sich gut auf der Speisekarte, die extra für mich, die »Touristin«, hervorgeholt wird. Selbst Manfred Stein, Erfinder der Geschichte vom Ufolandeplatz auf der Wiese am Rand des Skorpions, sieht seine Vision mit Augenzwinkern.

»Engel gab es schon immer, und Außerirdische, oder besser gesagt Überirdische, sind einfach die moderne Version davon. Wer an das fliegende Personal des Himmels glaubt, kann es nennen, wie er will.«

Drei Jahre später. Es hat sich viel verändert, als der Platz mich wieder ruft. Der Mann, der ihn gehütet hat, ist tot. Manfreds bunte Bilder und die Erinnerung an einen Menschen, der sich nicht gescheut hat, das Überirdische in seinen Alltag zu integrieren, bleibt für mich für immer mit dem Skorpionsplatz verbunden.

Ich stehe wieder auf dem Hauptplatz von Kautzen. Das kleine Haus, in dem der Architekt mit seiner Frau und den Kindern gewohnt hat, sieht verlassen aus, obwohl im oberen Stock Licht brennt. Ich verneige mich kurz und danke ihm und seiner Familie, daß sie mich damals so liebevoll aufgenommen haben. Bei einem Glas Wein und guten Gesprächen gaben sie mir das Gefühl, daß sie Menschen auf der Suche sind. So wie ich auch.

Kautzen ist unverändert, obwohl ein neues Schild am

Ortsanfang »Servus in Kautzen« sagt. Kein Mensch auf der Straße. Wer hier wohnt, muß sehr kommunikativ oder ein Einsiedler sein.

Ich bin auf dem Weg nach Engelbrechts, einem Ort, der so klein ist, daß man ihm die Bürde eines so großen Kraftplatzes offenbar nicht zumuten wollte. Dort liegen nämlich die Steine im Wald, nicht bei Kautzen, wie in den meisten Schriften vermerkt ist. Da bemerke ich die erste Veränderung. »Mystisches Waldviertel« steht auf den weißen Schildern, die mich leiten sollen – ein Service des Fremdenverkehrsverbandes.

Die Frau mit dem Rucksack, die am Straßenrand geht, ist in meinem Alter und trägt einen naturfarbenen, bodenlangen Leinenmantel. Sie paßt nicht in die dörfliche Landschaft, und ich halte an.

»Wollen Sie zum Skorpionsplatz, ich kann sie mitnehmen.«

Sie steigt ein, lächelt mich an und stellt sich als Margaretha vor. Sie kommt aus Köln, erzählt sie, und durchstreift eine Woche lang das Waldviertel auf der Suche nach einem Kraftplatz, an dem sie mit Frauen Rituale gestalten kann.

»Es gibt so viele starke Kultsteine in dieser Gegend«, sagt sie, »und einer ist schöner als der andere.«

Am Skorpionplatz, der mir vor drei Jahren so still und einsam erschien, herrscht reges Treiben. Sind es die neuen Hinweisschilder oder das Wochenende, das so viele Besucher angelockt hat?

Zuerst kommen die beiden Frauen. Sie tragen eine Zeichnung in der Hand, so wie ich damals. Sie sind intensiv damit beschäftigt, den richtigen Weg in der richtigen Reihenfolge zu finden.

»Wir gehen es wissenschaftlich an«, sagt die eine, und ich

16

merke, daß mich dieses genaue Wissen auch heute nicht sehr interessiert.

Die Steine, die im Winter, von Schnee bedeckt, kühl und unnahbar wirkten, sind jetzt in weiches Moos gehüllt, und wieder bin ich berührt von dem Gefühl, daß hier schon vor Jahrtausenden Menschen gebetet haben.

Margaretha und ich fangen unseren Weg beim Warzenbründl an, das mit seinen roten Streifen im graugrünen Stein aussieht, als trüge es sein Festtagsgewand. Im Wasser in einer Vertiefung in der Mitte des Steins spiegeln sich die Bäume wieder, so als ob es eine magische Landschaft gäbe, die ihre Geheimnisse nicht preisgibt. Still gehen wir durch den Wald, bis wir wieder den beiden Frauen begegnen.

Verwirrung ist angesagt. Denn inzwischen sind die Steine beschriftet worden, aber Stein und Skizze widersprechen einander. Ich ziehe das Schild, auf dem »Energiestein« steht und das locker im Boden steckt, heraus und bringe es an seinen richtigen Platz zurück. Jemand hat sich einen Scherz erlaubt und die Bezeichnungen vertauscht. Die beiden Frauen atmen erleichtert auf. Jetzt können sie wieder nach Plan vorgehen.

»Wir sind beide Skorpione«, erklärt die eine, »und sind heute hier, um unseren Geburtstag zu feiern.«

Sie nimmt eine Kerze aus der Tasche, überreicht ihrer Freundin eine Karte, auf die ein großes, rotes Herz gedruckt ist, und bittet uns, beim Schlangenstein mit ihnen zu singen.

»Happy birthday to you …« klingt es durch den Wald, und plötzlich kommt aus den Tannen eine Gruppe von Menschen hervor, die sich über uns zu wundern scheint und sofort ihre Richtung ändert. Im Gänsemarsch stapfen sie hinter einem Mann mit grauem Haar, der vor sich eine Wünschelrute trägt. »Geomanten«, sagt Margaretha. Und als dann noch eine Familie mit Kinderwagen auftaucht, haben wir sie alle vereint: die Spaziergänger, die Wissensdurstigen, die Geomanten und wir, die wir einfach nur spüren wollen.

Ich zeige Margaretha einen großen, abgerundeten Stein, der wie eine weiche Brust abseits auf der anderen Straßenseite liegt und eigentlich nicht mehr zum Skorpion gehört. Hier ist es wieder still, und die Magie, die durch die Geschäftigkeit der vielen Besucher verschwunden ist, kehrt zurück.

»Das ist der Venusstein«, erkläre ich.

Mehr gibt es nicht zu sagen. Jede sucht sich einen Platz, und obwohl es kalt ist, sitzen wir eine Weile still in dieser zärtlichen, starken Energie.

Auf dem Weg zurück nach Kautzen erzählt mir Margaretha von ihrer Arbeit.

»Ich bin Therapeutin und helfe Frauen, ihr Potential zu entdecken. Ich fahre mit ihnen in die Natur und zeige ihnen, daß jeder Weg, jeder Baum, jeder Stein, jede Pflanze eine Botschaft für uns hat. Wir brauchen keine ›Straßenkarten‹, keine Wegweiser in unserem Leben, von der Gesellschaft vorgegeben. Wenn wir akzeptieren, daß unsere Lebensaufgabe einem göttlichen Plan folgt, dann können wir auch vertrauen, daß das Universum die Antwort auf alle Fragen für uns kennt. Wir müssen nur auf die Zeichen achten. Und wissen, daß wir ständig selbst Zeichen setzen. Jeder Gedankensplitter, jede Handlung ist bedeutsam. Wir Menschen gestalten durch unsere geballte kollektive Energie und unsere Gedankenformen die Wirklichkeit. Doch das, was wir Wirklichkeit nennen, ist tatsächlich nur ein kollektives Traumfeld, eine Spiegelung unserer gemeinsamen Überzeugungen. Wenn wir unsere persönlichen Erfahrungen von Trennung, Leid, Angst, Leugnung, Wer-

18

tung und Begrenzung aufarbeiten, heilen wir nicht nur uns selbst, sondern auch die Menschheit. Jede Änderung, die uns in uns selbst gelingt, beeinflußt die kollektive Wirklichkeit der ganzen Welt. Alle unsere Träume, Visionen und Überzeugungen tragen dazu bei, daß es uns und unserem Planeten besser geht.«

Margarethas Wege durchs Waldviertel sind hier zu Ende. »Aber ich komme wieder«, verspricht sie. »Nicht sehr weit von hier gibt es einen Stein, den man ›Feenhaube‹ nennt, er soll einer eurer ältesten Kultsteine sein.«

Ich kenne ihn nicht, aber ich werde ihn bald kennenlernen.

Die Feenhaube ist keine, die sich geheimnisvoll versteckt. Egal, ob man sich ihr von Eggenburg oder Grafenberg nähert, die imposanten Felsblöcke weisen in der leicht hügeligen Landschaft den Weg zu einem der wichtigsten Kultplätze Österreichs, kaum mehr als eine Stunde von Wien entfernt. Und so, als ob die alte Magie gebannt werden müßte, säumen Kapellen und Marterln den Weg, damit der Wanderer sich nicht verliert.

Der Wind pfeift um die schroffen Steine, die den Betrachter zur Frage anregen, was eine Fee mit einer Form zu tun hat, die eindeutig einem Penis ähnelt. Ewald, hauptberuflich Wirtschaftspolitiker in der Niederösterreichischen Handelskammer, zeigt auf eine bewaldete Anhöhe, die direkt gegenüber liegt.

»Der wirkliche Phallusstein befindet sich im weiblichen Teil der Anlage. Hier geht es um die männliche, die kriegerische Energie, dort drüben werden wir heilende Kräfte spüren.«

Die Vorbereitung für den Besuch eines Kraftplatzes fängt bei der Wahl der richtigen Uhrzeit an.

»Die Schwingung läßt sich am besten erfahren, wenn das

Licht der Abend- oder Morgendämmerung die Konturen zum Verschwimmen bringt. Dann wird der Blick nach innen klarer, die Wahrnehmung der Natur verschärft sich.« Die Weisheit, wann und wie ein Ritual zur rechten Zeit und am rechten Ort seine Wirkung zeigt, hat Ewald zwei Jahrzehnte lang bei den Indianern gelernt.

»Das ist eine kurze Zeit, und ich würde mir nicht anmaßen, mich Schamane zu nennen. Aber ich habe viel über ihre Techniken erfahren.«

Die Mischung aus Geschäftsmann und Naturmensch zeigt sich auch in seiner Kleidung: Zum Anzug trägt er eine Pelzmütze und eine »Indianerkrawatte«, Koralle und Türkis in einer Brosche gefaßt, an der Lederschnüre hängen. In der einen Hand die schwarze Aktentasche, in der anderen eine farbige Rassel und seine Trommel.

Fünfhundertsiebzig Millionen Jahre alt sind die Felsen, die inmitten von Weinbergen wahrscheinlich schon seit Menschengedenken für heilige Feste wichtig waren. Die Opferschalen, die eine leer, die andere mit Wasser gefüllt, lassen erahnen, daß damals Gottheiten in der Natur angebetet wurden. Der Volksmund nennt eine Vertiefung im Stein »Hexensitz« – die weise Frau hatte einen erstaunlich kleinen Hintern …

In den Fels getretene Stufen führen auf eine Art Aussichtsplateau, auch »Wächter« genannt, auf dem der Wind rauh an den Kleidern zerrt. Hier haben vielleicht die Krieger übers Land geschaut und ihre Schlachtgötter angerufen. Ewald will für sein Ritual lieber auf den tiefer gelegenen weiblichen Platz hinüber.

»Lassen Sie uns gehen, dort ist es weniger kalt und friedlicher.«

Auf dem Weg begegnet uns der Weinbauer, dem das Feld gehört.

»Können Sie uns über die Geschichte dieser Steine etwas erzählen?«

»Ich kenne sie nicht, aber es kommen immer wieder Menschen vorbei, die sich dafür interessieren.«

»Es ist ein bekanntes Phänomen, daß die Einheimischen meist nichts über ihre Kultplätze wissen. So als ob die Erinnerung an das Heidnische gelöscht werden müßte«, murmelt mein Begleiter und packt seine Trommel aus.

»Hier komme ich gerne mit Menschen her, die eine Entscheidung treffen wollen. Aber nicht alle Kraftplätze eignen sich für jeden. Man muß sich wohlfühlen, und, wenn man wieder zu Hause ist, das Bild mühelos in der Vorstellung abrufen können.«

Der Sinn des Bildes ist für die Indianer ganz klar. Wer die Vision seines Platzes an den Anfang stellt, wenn er sein Problem betrachtet, kann sie als inneren Halt bewahren und dort wieder seinen Ausgang nehmen. Auf diese Weise verliert man sich nicht in sinnlosen Gedankengängen.

Das verdorrte Laub der Eichen bietet dem Wind Gelegenheit zum Spiel und schützt das kleine Felsplateau, in dessen Mitte der Opferstein steht, auf dem Ewald seine Gaben für die Geister des Platzes niederlegt. Eine Kerze, eine Schale mit Salbei, eine Rassel.

»Die Eiche war der heilige Baum der Druiden und läßt vermuten, daß hier ihr Altar gewesen ist.«

Am Rand der Lichtung lehnt er sich an den glatten Stein, der wie der versteinerte Penis eines Riesen aus der Erde wächst.

Der Klang der Trommel scheint die Vögel anzulocken und weckt die Sehnsucht, in der Sonne im warmen Gras zu liegen. Wohlwollend schaut der Kriegerplatz von oben auf sein weibliches Pendant, das um so vieles sanfter auf die Seele wirkt.

»Im Sommer kommen hier ganze Familien zum Picknick her, und selbst die wildesten Kinder werden still und genießen den Frieden, den dieser Flecken Erde ausstrahlt.« Aber noch ist es nicht Sommer, und es ist ziemlich kalt. Auf dem Rückweg verschwindet die Sonne wieder hinter den Wolken und läßt die Kriegersteine noch düsterer und trotziger auf die vier Kirchen schauen, die in der Ebene wie Wachtürme gegen das Heidnische stehen.

Der Pfarrer Franz Jantsch schreibt in seinem Kultplatzbuch: »Die Druiden trugen weiße Kleider. Man näherte sich dem heiligen Platz und umkreiste ihn unter Gesang und dem Spiel von einfachen Musikinstrumenten wie Pfeifen und Trommeln. Der Gesang wird eher ein Murmeln und Summen gewesen sein. Vom Opfer selbst will ich hier nicht reden, das ist eine ferne, geheimnisvolle Welt …«

Die Nacht hat das Licht des Tages schon fast verschluckt, wir stehen oben auf dem Plateau des »Wächters«, der je nach dem Standort des Betrachters zwei Gesichter zeigt: Einmal ist er eine undurchschaubare Sphinx, dann wieder ein alter Dinosaurier, der geduldig die Stiefel der Menschen auf sich erträgt. Ein Bussard verschwindet in der Dunkelheit, für Ewald ein Zeichen, daß sein Ritual die Verbindung zwischen Himmel und Erde geschlossen hat.

Plötzlich schießt ein Lichtblitz aus der Dunkelheit und windet sich minutenlang als Leuchtband um die Hügel des Manhartsberges.

»Das ist die Franz-Josefs-Bahn, sie will uns symbolisch daran erinnern, daß das Licht bleibt, auch wenn die Sonne untergeht.«

In Eggenburg gibt es kein Schild, das auf die Feenhaube weist. Eine schöne Symbolik. Denn sehenswürdig ist sie nur für die, die sich gerufen fühlen.

Von einer Reise ins Innere und einer Wallfahrt zur Muttergottes

»Kennst du einen Ort der Kraft, einen Platz, an dem du zur Ruhe kommst?« frage ich Katharina, die dort geblieben ist, wo ich geboren wurde, und die ich immer wieder vermisse.

Als Kinder haben wir einander Ringe mit unseren Initialen geschenkt und uns Freundschaft bis in den Tod versprochen. Die Freundschaft ist noch da, aber die Distanz zwischen Wien und Bregenz ist zu groß, wir sehen einander selten.

»Den Platz in der Natur, den kann ich dir zeigen, von dem in meinem Inneren will ich dir gern erzählen.«

Katharina sagt den Satz, und ich weiß, daß eine neue Reise beginnt.

Draußen am »Funkenbühl«, in einer schmalen Straße am Stadtrand, liegt frischer Schnee. Noch ist er weiß, aber am Nachmittag nach der Schule werden die Kinder kommen und schmutziggraue Schneemänner bauen. Damals, vor mehr als vierzig Jahren, haben wir hier gespielt und stolz unsere ersten Tretroller aus Holz spazierengefahren. Nach unserer Erstkommunion half uns meine Oma, die im Haus neben Katharinas Eltern wohnte, die schönen, weißen Kleider auszuziehen, damit wir nach dem obligaten Familienfest wieder auf Bäume klettern und mit den Nachbarsburschen raufen konnten.

Meine Freundin aus Kindertagen kocht uns Tee, und für ein paar Stunden ist es wieder wie früher. Wir sitzen mit hochgezogenen Beinen auf ihrem Sofa, auf dem nur der

Überwurf aus Stoff mit den aufgedruckten Teddybären fehlt, und erzählen einander Geschichten aus unserem Inneren.

»Du zuerst«, sage ich, als sie mich nach meinem Kraftplatz fragt.

Sie nickt zustimmend und leckt sich noch einmal über die Lippen, wie sie es schon als Kind getan hat, wenn sie etwas Wichtiges preisgeben wollte.

»Wenn ich einen Namen dreimal höre, dann glaube ich daran, daß er eine Bedeutung hat, und folge diesem Ruf. Es war an einem Tag, an dem ich nicht mehr wußte, was mein Körper von mir will. Er schickte mir Schmerzen. Ich erkannte sie als Botschaften meiner Seele, aber ich konnte sie nicht entschlüsseln. Da wurde mir zum dritten Mal der Name einer Frau genannt, die mit indianischen Ritualen vertraut ist, und ich hatte Glück.

›Sie können sofort kommen‹, sagte sie.

Ich wußte nicht, daß auch weise Frauen in gewöhnlichen Mietshäusern wohnen, ich dachte bisher immer, daß man sie nur in Blockhütten im Wald findet. Sie führte mich in einen ruhigen Raum, in dem es wenig gab. Eine Kerze, eine Trommel, eine Schale mit Salbei und ein paar Edelsteine.

›Was ist Ihr Anliegen?‹ fragte sie mich.

Und unter ihrem ruhigen Blick fing ich an zu weinen. Der Schmerz in meiner Brust hatte plötzlich einen Namen.

›Ich bin noch immer mit einem Mann verbunden, von dem ich mich getrennt habe, und ich möchte dieses Band lösen. Es ist zu viel passiert, ich will nicht mehr zurück.‹

›Wenn Sie möchten, können wir gemeinsam eine Reise machen und um Heilung für Sie bitten.‹

Sie nahm ihre Trommel und leitete mich an, in meiner Phantasie zu einem Platz in der Natur zu reisen, der mir nahe ist.

Ich sah sofort ein Bild. Es war ein See in den Bergen, dort, wo kurz vor dem Hochtannbergpaß der Bregenzerwald endet. In der Nähe des Ufers grasten Kühe mit ihren Kälbern, die Einheimischen nennen ihn ›Kalbelesee‹. Jedes Detail war mir vertraut. Das satte Grün der Wiesen, das Schilf, das sich mit dem Wind bewegte, die Berge, die sich im See spiegelten. Es war gut, hier zu sein.

›Wenn Sie Krafttiere oder andere Helfer aus der geistigen Welt kennen, dann rufen Sie jetzt nach ihnen, und bitten Sie um Begleitung auf Ihrer Reise in die Unterwelt.‹

Ich hatte keine Erfahrung, aber ich hörte auf den Trommelschlag und wartete, was geschah. Zu meiner Überraschung kam ein Delphin und lud mich ein, auf seinen Rücken zu klettern. Er tauchte mit mir auf den Grund des Sees und schwamm durch einen langen Tunnel aus Erde. Ich fürchtete mich nicht, ich fühlte mich wohl und geborgen, und als ich den Teich sah, wußte ich, daß ich angekommen war. Es war ein Ort in einer anderen Welt, aber ich spürte sofort, daß ich hier Kraft finden kann. Die Sonne schien auf die Wiese am Ufer, auf der eine Bärin auf mich wartete. Sie stand aufrecht da, mächtig und zärtlich zugleich. Ich erkannte sie wieder, ich habe sie schon einmal im Traum gesehen. Damals fand ich Trost bei ihr, als ich traurig war. Ich legte mich in ihre Arme.

›Bitte hilf mir, mein Herz tut mir so weh, als ob ein Fremdkörper in mir steckt, der nicht mir gehört.‹

›Geh ins Wasser, das wird dich reinigen‹, sagte sie.

Und ich tauchte ein in den Teich, der mir seltsam vertraut war. Das flache Ufer, die sanfte Rundung, die Wälder, die ihn schützend umgaben.

Das Wasser legte sich wie Samt auf meine Haut, und ich spürte, wie der Schmerz in meiner Brust nachließ, als ob die Wunde mit Heilbalsam ausgewaschen würde. Ich blieb lange in dem Teich und merkte, daß mein Körper sich völlig entspannte. Ich wurde ruhig und wußte, daß mir geholfen wird.

›Und jetzt ruf deine innere Heilerin‹, sagte die Bärin, als ich zurück ans Ufer kam. ›Sie ist immer für dich da, jede Frau hat ihre eigene.‹

Sie kam sofort, und obwohl ich sie nur spüren konnte, zeigte sie mir mein Thema als Bild: Ich sah mich selbst in einem grün schillernden Anzug, der wie eine glänzende Rüstung meinen Körper bedeckte. Aber dort, wo das Herz ist, hatte ich ein Loch, und der Angelhaken, der in meiner Brust steckte, tat weh.

›Zieh ihn heraus, und komm, sooft du kannst, zu diesem Platz zurück, und bade in dem heilsamen Wasser‹, sagte sie. Und sie war verschwunden, bevor ich ihr danken konnte. Ich saß still am Ufer und spürte in meinem Rücken die Bärin. Ich wußte, wie es ist, wenn man sich ganz und heil fühlt. Ein tiefes Gefühl von Dankbarkeit und Glück stieg in mir hoch. Für einen Augenblick war ich in mir angekommen.

In der Ferne hörte ich die Trommel, die mich zurückrief. Ich verneigte mich vor meinem Platz und vor der Bärin, die in den Wald trottete, der sich im Wasser spiegelte. Mühelos gelangte ich wieder an die Oberfläche und stand wieder an meinem ›echten‹ See, der wie ein weises Auge eingebettet in den Bergen lag.

Die Trommel hörte nicht auf, nach mir zu rufen, und langsam nahm ich wahr, wo ich mich befand: in einem ruhigen Raum, in dem es wenig gab – eine Kerze, eine Schale mit Salbei und ein paar Edelsteine …

›Ich bin auch gereist‹, sagte die weise Frau, die mich begleitet hatte, ›und ich habe diesen Mann gesehen, von dem Sie sich getrennt haben. Er ist einsam und möchte wieder in

Ihr Herz, das Sie noch nicht wirklich für ihn verschlossen haben. Es dauert eine Weile, bis Partner wieder Freunde sein können und die Liebe auf einer anderen Ebene fließen kann. Zuerst braucht es eine wirkliche Trennung. Sie benötigen Ihre Kraft für sich, und der Mann wird erfahren, daß er bei Ihnen nicht mehr auftanken kann. Er wird seine eigene Kraftquelle finden. Der Platz am Teich, den Sie gesehen haben, kann von nun an der Ausgangspunkt für Ihre Reisen in die nicht alltägliche Wirklichkeit sein. Sie werden ihn immer wieder finden und können dort um Heilung bitten.‹«

Katharina schweigt, und in die Stille hinein frage ich: »Zeigst du mir den Kalbelesee?«

Sie nickt stumm, schweigt wieder und scheint vergessen zu haben, daß wir auf ihrem Sofa sitzen.

»Und wo ist dein Kraftplatz?« fragt sie nach einer langen Pause, und ich merke, daß sie Mühe hat, von diesem Ort in ihrem Inneren, an den sie mich durch ihre Erzählung geführt hat, wieder zurückzukehren.

»Meine Plätze haben sich immer wieder mit meiner Wohnadresse verändert, weil es für mich wichtig ist, sie täglich aufsuchen zu können«, antworte ich.

Und während ich Katharina davon erzähle, taucht einer nach dem anderen vor mir auf: Ich sehe das kleine Dorf an der Donau. Es war für die meisten Bewohner nur die Sommerresidenz. Sie kamen im Frühling mit ihren Gartenstühlen und den Rasenmähern und gingen im Herbst wieder in die Großstadt zurück. Im Winter war Kritzendorf wie eine verlassene Goldgräberstadt. Versperrte Häuser, geschlossene Restaurants und Geschäfte – tiefste Einsamkeit. Es war der Fluß, der mich dort hielt, der mich täglich rief, an dem ich täglich saß, Sommer und Winter. Ich hörte dem Wasser zu und wartete darauf, daß mich meine Unruhe und meine Sehnsucht nach Ablenkung von meiner Einsamkeit verließ.

Später, zurück in Wien, fand ich in einem Park, der an meine Straße angrenzte, drei Birken, die im Dreieck angeordnet standen. Es waren die einzigen Birken in diesem Barockgarten und sahen nicht aus, als ob die Stadtgärtner sie absichtsvoll gepflanzt hätten. Ich sehe mich in diesem geschützten Dreieck stehen und darauf warten, daß mir die Sonne im Osten genau ins Gesicht scheint, daß der Wind, der meistens von Norden kommt und an den Bäumen rüttelt, mir eine Antwort auf meine Fragen gibt.

Und jetzt, seit wir am Rand der Praterauen wohnen, bin ich magisch angezogen von einer ovalen Fläche in einer großen, leicht hügeligen Wiese, die sich ein Stück gesenkt hat und eine Mulde bildet. Sie ist von einem Steinwall begrenzt. Als ich sie entdeckte, war ich sicher, daß die Tafel auf der Mauer das Geheimnis dieses Platzes enthüllen wird.

Ich näherte mich, um die Inschrift zu lesen: »Bedauerlicherweise muß dieser Grillplatz wegen undisziplinierten Verhaltens ab sofort geschlossen werden«, stand dort in schwarzer Schrift auf weißem Email in drei Sprachen.

Er fühlt sich dennoch an wie ein alter Ritualplatz. Manchmal ist es nicht wichtig, die Geschichte eines Ortes zu verstehen. Dort ziehe ich jetzt am Morgen meine Kreise und bitte um einen guten Tag.

»Das ist alles so weit weg von hier«, sagt Katharina.

»Als ich ein Kind war«, antworte ich, »sind die Frauen meiner Familie mit uns immer zur Muttergottes nach Bildstein gepilgert. Meine Mutter, die Tante Lisa und meine Omama. Mindestens dreimal im Jahr, denn es gab immer etwas zu bitten oder zu danken. Einmal waren wir dort, als es noch nicht heiß war, im Frühling.

Dann sagte die Oma, die sich immer ein bißchen für ihre Marienverehrung geschämt hat, weil sie protestantisch war: ›Schaut her, Kinder, wie der liebe Gott die Gräslein für die Tiere wachsen läßt.‹

Einmal mußten wir im Hochsommer mit, obwohl wir nicht wollten, weil in der Bregenzer Ache die Steine glühend heiß waren und darauf warteten, daß wir uns naß auf sie legten. Und einmal im Herbst, wenn die Mutter nach der Wanderung alle Pilze wegwarf, die wir eifrig gesammelt hatten, weil sie nicht sicher war, ob sie ungiftig waren.«

Die Bilder von damals sind im Archiv meiner Erinnerung alle aufbewahrt: ein schmaler Trampelpfad entlang einer Wiese, dem die Felsen, die dazwischen wie hingestreut liegen, eine gewisse Wichtigkeit verleihen.

»Hier ist der Teufel ausgerutscht, seht ihr die Spuren seiner Krallen im Stein«, sagte die Großmutter, und wir Kinder standen mit ehrfürchtigem Gruseln am Wegrand und wußten, daß auch uns die Muttergottes vor dem Teufel retten wird, wenn wir sie rufen.

Jedesmal Gejammer, weil der Weg so weit war, weil wir Durst hatten, weil wir rasten wollten. Jedesmal befriedigender Gipfelsieg im Gasthaus neben der Kirche, Orangenlimonade und später auf einer Bank mit Blick auf den Bodensee Brote aus dem Rucksack, weil Würstel mit Senf zu viel kosteten. Dann hinein in die kühle Wallfahrtskirche, in der die Muttergottes wartete.

Aber die »echte« Begegnung gab es für mich erst später.

Ein Wiesenpfad führte zu einer kleinen Kapelle am Waldrand, dort wohnte sie wirklich, die heilige Maria. Ganz nahe war sie mir, wenn ich auf der Bank kniete und in das dicke Buch schrieb, das jedes Jahr ausgewechselt wurde, weil es überquoll von Hilferufen und Dankesreden. Wenn

Morgendämmerung am Kalbelesee

die anderen schon wieder auf der Wiese saßen, dann blieb
ich zurück und blätterte heimlich in den Schicksalen fremder Menschen. Der Schrecken überkam mich ob so viel
Leid.

»Danke, daß wir alle gesund sind«, betete ich, so wie ich es
von meiner Mutter gehört hatte, und wußte nicht, was es
wirklich bedeutet.

Später, als ich längst erwachsen war, begegnete ich der
»Himmelmutter«, wie meine Omama sie nannte, dann
wieder.

»Wir müssen nach Bildstein«, sagte meine Mutter, als ich
mit meiner neugeborenen Tochter in mein Elternhaus kam.
»Die Muttergottes hat dir ein gesundes Kind geschenkt.«

Und als sie ein paar Jahre später mein namenloses Unglück
spürte, über das ich nicht mit ihr sprechen wollte, nahm sie
mich einfach mit und deklarierte die Wallfahrt als »Ausflug«.

Damals habe ich darum gebetet, daß die Muttergottes mir den Mann wieder zurückgibt, den mir das Schicksal so hart entrissen hatte. Ich wußte noch nicht, daß die Wege der Himmelsmächte unergründlich, aber weise sind. Daß das, was wir Schicksal nennen, oft etwas ganz anderes mit uns vorhat, als wir uns erträumen. Daß manchmal aus dem Schmerz das wahre Glück entsteht.

»Laß uns im Sommer gemeinsam zu den magischen Orten fahren, die uns wichtig sind«, sagt Katharina, und ich spüre, daß wir von nun an neu miteinander verbunden sind, auf einer ganz tiefen Ebene.

Ein halbes Jahr später, halb vier Uhr morgens. Der Wecker reißt mich aus dem Schlaf. Verdammt, warum habe ich dieser verrückten Idee zugestimmt.

»Die Magie dieses Platzes ist nur am frühen Morgen spürbar, wenn die Straße über den Hochtannbergpaß noch nicht befahren ist. Später, wenn der Lärm der Autos die Stille zerstört, verwandelt sich der Kalbelesee in eine Naturschönheit am Rand des Asphalts und wird zum Fotomotiv für vorbeifahrende Touristen«, sagte Katharina, als wir uns wiedersahen, und sie bestand darauf, mich am nächsten Tag um vier Uhr in der Früh abzuholen.

Die Schindelhäuser des Bregenzerwaldes, eine der schönsten Gegenden in Vorarlberg, treten schemenhaft aus dem Nachtnebel heraus, im Halbdunkel bemühe ich mich, die Farben der Blumen in den Fensterkästen zu deuten. Das graue Band der Straße, die uns dem Paß entgegenbringt, glitzert noch naß vom Regen. Die Bregenzerwäldler sind ein stolzes Volk, sie haben sich ihre Bauweise und ihr Brauchtum bewahrt. Touristen sind willkommen, aber man macht keine zu großen Verbeugungen. Die Architektur der neuen Häuser folgt dem alten Prinzip: viel Holz und keine extravaganten Formen. Hier paßt sich der Mensch der Natur an und nicht umgekehrt. Wer mit so hohen Bergen lebt, bleibt demütig.

Früher sind die Bergbauern fast verhungert und haben den steilen Hängen mühsam den geringen Ertrag abgerungen. Jetzt leben sie gut davon, daß man frische Luft und naturbelassene Landschaft nicht im Supermarkt kaufen kann.

»Hier sind wir«, sagt Katharina, als nach eineinhalb Stunden zwischen der atemberaubenden Kulisse des Hochtannberggebiets ein bescheidener Hügel mit flacher, breiter Kuppe auftaucht, der aussieht, als hätte ihn vor langer Zeit jemand als Wegweiser für den See aufgestellt.

Er trägt ein Gipfelkreuz, obwohl ihm der Gipfel fehlt, und wirkt, als hätten hier Kinder inmitten der hohen Berge einen Sandhaufen zum Spielen aufgetürmt, über den mit den Jahren Gras gewachsen ist.

Links von uns ziehen wilde, graue Wolken an einem schroffen Bergmassiv vorbei.

»Das ist der Widderstein, wir waren einmal gemeinsam als Jugendliche dort«, sagt meine Freundin, und ich wundere mich, wieviel von meiner Erinnerung schon gelöscht ist.

Katharina hat für uns beide Gummistiefel mitgebracht.

»Wenn wir ganz nah zum See wollen, müssen wir durch den Sumpf waten.«

Ein Drehkreuz, ein weißes Schild: »Hotel Körbersee 45 Minuten«, ein kleiner Bach, ein Pfad, von Kühen zertrampelt. Und da liegt er. Ein paar Meter tiefer als die Straße, die fast direkt an ihm vorbeiführt. Unauffällig duckt er sich in eine Mulde, so als ob auch für ihn der Morgen noch zu kalt wäre, um aufzustehen. Nebelschwaden ziehen über seine Oberfläche und kommen auf uns zu, als wollten sie uns begrüßen. Ich bin enttäuscht. Einen tiefblauen, spektakulären Bergsee habe ich erwartet und

Wallfahrtskirche Maria Bildstein

stehe vor einer milchig weißen Fläche, die von allen Seiten von Schilf geschützt oder bedrängt wird, ich weiß es nicht genau.

»Warte ein paar Minuten, er wird gleich erwachen.«

Wir setzen uns an den Rand eines Wanderwegs, der auf der Anhöhe über dem See sanft ansteigt, und jetzt erst nehme ich wahr, in was für eine großartige Kulisse dieses kleine Gewässer eingebettet liegt. Majestätisch und unnahbar schauen schroffe Zacken, breite Rücken und runde Kegel auf uns herunter. Manche noch immer mit Schnee bedeckt.

Katharina erklärt mir jeden der Gipfel in der Runde.

»Das rechts von uns sind das Karhorn, das Auenfelderhorn und das Wartherhorn, und dort, die Spitze in der Ferne, ist der Biberkopf.«

Wie anders ihr Leben verlaufen ist als meines, sie weiß so viel über das Land, das vor vielen Jahren meine Heimat gewesen ist. Sie zeigt auf das Gipfelkreuz auf dem kleinen Hügel.

»Die Gemeinden des Bregenzerwaldes haben es vor zwanzig Jahren als Friedenskreuz aufgestellt. Wenn im Herbst hier eine Messe gelesen wird, dann kommen die Menschen aus dem ganzen Land und beten für die Welt.«

Plötzlich sagt sie: »Jetzt!«

Hinter den Bergen kommt die Sonne hoch, der Morgennebel verkriecht sich im Schilf, und dann ist er präsent, in seiner ganzen Schönheit, der Kalbelesee. Das Grün der Hügel spiegelt sich in seinem Wasser und läßt ihn wie ein tiefes, fremdes Land oder einen grünen, glänzenden, mit Moos und Farnen ausgepolsterten Krater erscheinen.

Schweigen und danken für den großartigen Augenblick, mehr ist hier nicht erlaubt. Auch das ist meine Heimat, spüre ich. Selbst wenn Wien mir seit dreißig Jahren so nah ist, daß ich meinen Ursprung schon fast vergessen hätte.

Uns ist kalt. Die Temperaturen in den Bergen sinken in der Nacht auch im August auf vier oder fünf Grad und gönnen der Natur eine Erholungspause von der Hitze. Die Kühe mit ihren Kälbern, die die Nacht auf einer trockenen Wiese verbracht haben, sind inzwischen erwacht und begrüßen uns mit einem vielstimmigen Glockenkonzert. Die ersten Urlauber, gemütlich warm in ihren geheizten Autos, fahren vorbei. Wir waten zum Abschied in unseren Gummistiefeln am Ufer entlang.

»Du bist schön«, sage ich zum Kalbelesee. »Ich komme wieder und wandere in den Bergen rund um dich.«

»Laß uns auf dem Rückweg nach Bildstein fahren«, sagt Katharina. »Ich war noch nie am frühen Morgen dort.«

In Bildstein schlafen die Menschen noch. Wer hier zur Muttergottes beten will, kommt später, wenn das Gasthaus offen hat, damit sich der Ausflug lohnt. Auf dem Platz vor der Kirche sieht man übers ganze Rheintal und den Bodensee. Ich bin gerührt, daß sich kaum etwas verändert hat, in den vielen Jahren, in denen ich nicht hier gewesen bin. Keine Souvenirstände, keine Zäune rund um die wenigen Häuser, ein Tisch mit Stühlen einfach in der Wiese, vor einer Haustüre ein einsamer Sonnenschirm. Eine ganze Herde von Gartenzwergen bewacht ein Anwesen. Die Bank, auf der wir damals unsere Brotzeit verzehrt haben, steht noch an derselben Stelle. Vielleicht ist es ihre Nachfolgerin, aber was macht das schon.

Die Wallfahrtskirche wie immer stolz, klar, ohne Schnörkel, eine Schönheit, die nicht älter wird. Der kleine Weg zur Gnadenkapelle ist leicht zu finden. Er führt am Wiesenhang entlang, auf dem der Farn wuchert, bis zum Waldrand, wo meine »echte« Maria schon auf mich wartet. Auch sie kommt mir unverändert vor. Es gibt das Buch, die Holzbänke, auf denen wir gekniet sind, die Blumen in den Vasen.

Als ich neben Katharina stehe und auf unseren »Familienkraftort« schaue, auch wenn meine Oma, meine Mutter und die Tante Lisa ihn nicht so genannt hätten, fühle ich mich zurückversetzt in meine Zeit als Kind.

»Danke«, sage ich zur Muttergottes, »daß alles immer wieder gut geworden ist.«

Von einem heiligen Raum der Templer und einer Fabrik als Kraftplatz

Mörder, Musiker, Mystiker – die alte Festung im Burgenland, mit ihren orangegelben Fensterläden, die weit ins Tal hineinleuchten, hat vieles schon gesehen. Kammermusikfeste unter Leitung weltberühmter Dirigenten, grausame Verbrechen der schönen »Blutgräfin Erzsebeth«, die hier im 17. Jahrhundert eine Unzahl junger Mädchen auf bestialische Weise gefoltert und ermordet haben soll. Und nicht zuletzt die Templer.

Jedenfalls erzählt die Sage, daß sie es waren, die den unterirdischen Kultraum im frühgotischen Stil gebaut haben. Sie nannten sich »Arme Ritterschaft Christi« und wurden im 14. Jahrhundert geächtet und verfolgt, weil man sie beschuldigte, einem wilden Götzendienst zu huldigen.

Der französische König Philipp der Schöne, so wird erzählt, stand am Fenster seines Palastes und sah der Verbrennung der Anführer auf der kleinen Seine-Insel Île des Javiaux zu, bis der Geruch des verbrannten Fleisches sich über die Seine hinaus zu seinem Sitz ausbreitete. Später wurde ihm zugetragen, daß der Großmeister des Ordens in seiner Todesstunde prophezeit hatte, daß der König und Papst Clemens V. binnen Jahresfrist ebenfalls vor den göttlichen Richterstuhl treten müssen. Die Prophezeiung erfüllte sich.

Nach zweihundert Jahren endete so eine religiöse Gemeinschaft von Rittern, die sich als Streiter Christi sahen und die die Gelübde der Keuschheit, des Gehorsams und des Verzichts auf persönlichen Besitz abgelegt hatten. Ihr Ziel war es gewesen, die Pilger auf dem Weg zum heiligen Grab in Jerusalem vor Dieben, Wegelagerern und Mördern zu schützen und die öffentlichen Landwege zu überwachen.

Mit der Zeit wurden die Templer durch ihre Privilegien – sie waren direkt dem Papst unterstellt – eine mächtige, politisch einflußreiche Organisation, die die ganze christliche Welt mit einem Netz von Niederlassungen überzog. Eine davon könnte Lockenhaus gewesen sein.

Der Kultraum, den die Mystiker angeblich erbaut haben, scheint sich an den verschiedenen Energien, die die Burg anzieht, nicht zu stoßen. Die deftigen Ritteressen, die Konzerte, die Neugierde auf die perversen Grausamkeiten der Mädchenmörderin, die im Blut ihrer Opfer gebadet haben soll – die steinerne Kapelle hält ihre Türe für alle Besucher offen.

Shobha, die Frau, die mich hierhergeführt hat, begrüßt ihren Kraftplatz mit einem respektvollen Kopfnicken, holt aus ihrer Handtasche Kerzen und verteilt sie schweigend im ganzen Raum. Der Eindruck ist überwältigend. Wie ein magisches Auge wacht ein kreisrundes Loch in der gewölbten Decke über der steinernen Schale im Boden, in der sich Regenwasser sammelt.

»Die Templer haben den Lauf der Sterne, die sich im Wasser spiegeln, beobachtet. Sie waren Astronomen und Mystiker zugleich. Was diese Meister über die Wirkung von Bauwerken wußten, die sie genau berechneten, war ihnen nur zugänglich, weil sie die kosmischen Gesetze der Sterne kannten. Angeblich gab es hier keine Türe, sie kamen durch die Öffnung in der Decke, um ihre geheimen Rituale durchzuführen.«

In der Geschichte um die Templer gibt es viele Rätsel, denn

nach dem Untergang des Geheimordens wurden auch die meisten der Dokumente vernichtet. Doch die Gerüchte, daß ihre wahre Aufgabe darin bestanden haben soll, die verschollene Bundeslade mit den Tafeln des Gesetzes zu suchen, die Gott Moses auf dem Berg Sinai übergeben hat, wollen nicht verstummen. Manche Forscher glauben, daß die Templer fündig geworden sind und mit ihrem geheimen Wissen über Maß, Zahl und Gewicht den gotischen Baustil nach Europa gebracht und den Baumeistern der Kathedrale von Chartres ihr Wissen zur Verfügung gestellt hätten.

Daß sie in Lockenhaus gelebt haben, wird aus dem Grundriß der Burg vermutet, da sie den anderen Bauwerken der Templer gleicht. Im Kultraum ist ihr Wahrzeichen, ein ganz spezielles Kreuz, das einem Windrad gleicht, in die Apsis eingeritzt.

Shobha zeigt auf den großen Kultstein im Hintergrund.

»Man weiß nicht, was hier geopfert wurde, aber es ist ein Bereich mit einer besonders starken Kraft.«

Im Sommer, wenn es im unterirdischen Raum angenehm kühl ist, kommt die Sozialpädagogin, Lebensberaterin und professionelle Märchenerzählerin mit Menschen hierher, die den Kontakt zu ihrem wahren Selbst suchen.

»Die Burg hat eine interessante Vergangenheit, hier ist es einfacher, die kosmischen Kräfte zu spüren und mit seinen Wurzeln in Kontakt zu kommen. Ob man dann in vergangene Leben gelangt, Verdrängtes aufarbeitet oder sich einfach wohlfühlt, alles ist heilsam. Für mich ist dieser heilige Raum der Templer das ganze Jahr ein Platz des Friedens. Ich komme gerne, wenn ich etwas klären möchte. Dann setzte ich mich an den Rand der Wasserschale und warte auf eine Antwort.«

Ob der mystische Raum, der auch als »Gralsraum« be-

Kultstein der Templer

zeichnet wird, tatsächlich von den Templern erbaut wurde oder nicht, der Magie dieses Ortes, in dem sich der Himmel im Zwielicht des Raumes in der Wasserschale spiegelt, kann sich niemand entziehen. Shobha scheint vergessen zu haben, daß der Steinboden, auf dem wir auf einer dünnen Decke sitzen, kalt ist. Jedes Gespräch verbietet sich, jede Hektik erscheint lächerlich.

Im Winter ist es ruhig in der Burg. Die Musiker, die Bänkelsänger, die bei den Ritteressen ihre Lieder zum Besten geben, die Gläubigen, die Gott jenseits der Kirche suchen, sie alle warten, bis der Frühling die eisigen Hallen erwärmt. Dann kommen auch die Templer wieder. Die neuen Templer. Die das Wissen der alten Kreuzritter ausgegraben haben. Was sie genau hier tun, vermag die Verwalterin nicht zu sagen.

»Sie verbringen täglich ein paar Stunden in dem Raum, mehr weiß ich nicht.« Aber wen wundert's, der Orden der Tempelritter war immer schon von Geheimnissen umwoben.

Die alte Festung fragt nicht nach den Motiven der Menschen, die zu ihr kommen. Sie ist geduldig und stellt sich allen zur Verfügung. Auch zahlenden Gästen, die sich gleich nebenan in der Rauchkuchl für einen Abend wie Raubritter fühlen und unter Minnesang eher Gesang mit ausführlichem Alkoholgenuß verstehen.

Der Besuch im Kultraum gehört für jeden Touristen zur Burgbesichtigung, und während Shobha noch ihre Kerzen einsammelt, geht die Türe auf und eine Gruppe Menschen kommt herein, die einen mit Fotoapparat, die anderen mit einem Reiseführer in der Hand, alle laut und ohne Respekt für den heiligen Ort. Ein Rundgang, ein achtloses Tätscheln des Kultsteins, ein Blick durch die Öffnung in der Decke.

Kaum ist die Reisegruppe verschwunden, betritt ein Paar die unterirdische Kapelle. Es schlendert herein und schaut ebenfalls neugierig durch das Loch in der Decke.

Dann holt die Frau den Burgprospekt aus ihrer Handtasche und liest vor: »Kulturhistorisch äußerst interessant und einzigartig ist der ›Kultraum‹ – er gilt als letzter Zufluchtsort der Tempelritter. Mit seinem magischen Lichtauge und der steinernen Schale findet er in der ganzen Welt nicht seinesgleichen. Er war und ist der magische Herzpunkt auf Burg Lockenhaus.«

Der Herzpunkt verwandelt sich in Sekundenschnelle in eine Sehenswürdigkeit und gibt sich mühelos als »Fremdenattraktion«.

Magie ist etwas Fragiles. In wenigen Minuten hat sich die Stimmung verändert. Als wir wieder allein sind, stehen wir plötzlich in einem unheimlichen Verließ, einem kalten Gefängnis ohne Fenster, einer Halle aus Stein ohne Atmosphäre.

»Shobha, ich kann diese Geschichte nicht erzählen, dieser Platz kann seine Energie nicht halten. Was wird die Menschen erwarten, die sich hier sammeln wollen, sie werden enttäuscht sein.«

Shobha nickt verständnisvoll, aber ich sehe das Bedauern in ihrem Blick.

Ein paar Wochen später. Wenn das, was einem zufallen soll, wichtig ist, dann macht das Leben eine kleine Schleife und bringt uns dorthin zurück, wo wir verzagt aufgeben wollten.

»Hier in der Nähe gibt es eine Fabrik, von der erzählt wird, daß sie wie ein Kraftplatz gebaut wurde, und so sieht sie auch aus«, erzählt mir Shobha, mit der ich in Kontakt geblieben bin.

»Was soll ich mit einer Fabrik, ich brauche Orte, wo jeder hinfahren kann«, entgegne ich.

Sie nennt mir den Namen eines Mannes, der angeblich damit zu tun hat.

»Kennen Sie einen Kultplatz, zu dem Sie gerne fahren?« frage ich den Unbekannten am Telefon.

»Ja, ich reinige solche Orte. Mein Lieblingsplatz ist die Burg Lockenhaus.«

Es ist noch immer Winter, in der Wirtsstube essen die Gäste Krautsuppe und andere deftige Speisen und trinken am Mittag ihr erstes Bier. Shobha Hamann und Josef Volsa sind schon da. Wir stapfen in der eisigen Kälte über den Burghof, und diesmal fällt mir am Eingang zum Kultraum der Tempelritter auf. In seinem bodenlangen weißen Umhang mit dem roten Kreuz steht er da, eine Puppe mit schwarzem Nylonhaar, die nicht aussieht, als könnte sie ihren Ritualraum schützen.

Und wieder ist alles anders. Der Kultraum liegt leer und ohne Energie vor uns – weder Positives noch Negatives strahlt er heute aus. Ein perfekt gebautes Gefäß aus Stein – aber wofür?

»In der Sakralgeomantie ist es nie der Ort selbst, der heilig ist. Er macht nur den Geist fühlbar, der hinter einem Kult, hinter einer Religion steht.«

Josef Volsa kennt Lockenhaus wie seine Westentasche. Er veranstaltet hier geomantische Seminare und läßt seine Teilnehmer die verschiedenen Schwingungen spüren.

»Dieser Kultraum wandelt sich wie ein Chamäleon. Er ist ein Musikinstrument, auf dem man alle Melodien spielen kann. Die meisten Kraftorte haben eine Grundaussage, hier ist es anders. Ein Mensch betritt diesen Raum, und folgsam verändert der sich und übernimmt die Schwingung seines Besuchers. Diese Labilität hat aber auch Vorteile, ich werde es Ihnen zeigen.«

Der Geomant streckt seine Hand aus und klopft an einer Stelle auf die Mauer: »Das ist eine der Akupunkturstellen – auch Gebäude reagieren auf Akupunktur. Ich werde jetzt die weiche, weibliche Schwingung einer keltischen Quellgöttin erzeugen.«

Wir stehen plötzlich in einem wohlig warmen Raum, der seine Neutralität verloren hat. Bei mir dauert das Wohlbefinden allerdings nur ein paar Sekunden. Dann steigt Angst in mir hoch. Ich fühle mich manipuliert und verschließe meinen Spürsinn.

»Jetzt fülle ich den Raum mit der Schwingung der Kanzel in der Ziegenkirche in Sopron.«

Ich merke, daß die zärtliche Schwingung von vorhin sich verändert, die Details blocke ich offensichtlich ab, aber Shobha kann eine genaue Beschreibung abgeben.

»Es fühlt sich aggressiv, fast wütend an«, sagt sie beeindruckt, und unser Begleiter nickt bestätigend.

»Wie kann ich die Energie selbst verändern? Nicht jeder kann die Akupunkturstellen eines Raumes finden«, will ich wissen.

»Sehen Sie den Eingang? Er war früher nicht da, denn die Templer sind durch das Loch in der Decke eingestiegen. Hier gab es die gleiche geschlossene Apsis wie an der Stirnseite, die Türe ist eine Verletzung des Kultraums. Stellen Sie sich jetzt genau unter die drei Kreuze in der Decke. Das wird die verlorengegangene Verbindung zwischen der vorderen und der hinteren Apsis wieder herstellen. Denn früher muß auch hier, wo Sie jetzt stehen, ein Kultstein gewesen sein.«

Es dauert eine Weile, aber dann spüre ich ganz deutlich,

Burg Lockenhaus

wie sich der Raum wieder erholt. Aus der Leere entsteht wieder die Fülle, als ob sich eine Wunde schließt.

»Eine Möglichkeit, diesen Raum in eine andere Schwingung zu versetzen, sind Töne. In romanischen Kirchen findet man vor dem Altarbereich eine Energiekugel, die anfängt zu schwingen, wenn gesungen wird. Hier ist es ähnlich. Probieren sie es aus, der Klang wird die Qualität sofort verändern.«

Ich trete in die Mitte, sehe in dem runden Ausschnitt den Himmel über mir und singe ein einfaches, kleines Lied.

»We all come from the goddess, and to her we shall return, like a drop of rain, falling to the ocean …«

Der Schall verdichtet sich zu einem Klang, wie ich ihn vorher nie gehört habe – satt und rund. Meine Unruhe fliegt mit den Tönen davon. Jetzt bin ich wieder dort angelangt, wo Shobha und ich bei unserem ersten Besuch waren: an einem heiligen Ort.

Shobha verabschiedet sich: »Ich habe viel über meinen Kraftplatz gelernt. Für mich ist es wie ein Wunder, daß ein Raum aus Stein sich immer wieder wandelt ...«

Später, als Josef Volsa und ich die vielen Stufen, die zur Ritterburg führen, wieder hinuntergehen, sage ich: »Ich habe vorher Angst gespürt, so als ob ich mich vor Manipulation fürchten müßte.«

»In gewisser Weise ist diese Art von Geomantie Manipulation, auch wenn sie positiv genützt wird. Man verändert bewußt die Schwingung eines Objekts. Kommen Sie mit, ich zeige Ihnen eine Firma, die ich zum Kraftort umgestaltet habe, dann werden Sie noch besser verstehen, was ich meine.«

Wiesen, weiche Hügel, schmale Straßen, ich habe längst die Orientierung verloren und mit ihr mein Zeitgefühl. Sind wir eine halbe Stunde oder schon eine Stunde unterwegs? Ich weiß es nicht. Diese ruhige Landschaft, in der es keine Kanten und Zacken gibt, hüllt mich ein.

Meine Wohnung in Wien taucht vor mir auf. An manchen Tagen ist sie für mich wie ein Tempel, ein Ort, an dem ich Kraft tanken kann. An anderen möchte ich nur flüchten, weg von ihr, und beschuldige sie, daß sie die Falsche ist, daß sie mich daran hindert, mich in ihr zu entspannen und bei mir zu sein.

»Wärst du doch ein Altbau«, sage ich dann zu ihr, »mit dicken Mauern und einer langen Geschichte, die deine Leere füllt.«

Zum ersten Mal wird mir bewußt, daß auch sie darauf angewiesen ist, daß ich ihr gute Energien schicke.

Ich teile Josef Volsa meine Gedanken mit, und er stimmt mir zu.

»Aber manchmal geht es nicht nur um eigene Gefühle und

Gedanken«, sagt er, und er erzählt die Geschichte eines Paares, das eine neue Wohnung bezogen hat.

»Es sollte das große Glück werden. Die Vereinigung von zwei Menschen, die sich lieben und diese Liebe von nun an unter einem Dach genießen wollten. Und dann kam alles anders. Da saßen sie in ihrer neuen Wohnung, von der sie so lange geträumt hatten, und fühlten sich einfach nicht wohl. Nach einem halben Jahr wurde es so schlimm, daß sie ihre Abende ständig im Restaurant oder bei Freunden verbrachten, sich gegenseitig beschuldigten, zu wenig häuslich zu sein, und daran dachten, nicht nur die Wohnung, sondern auch gleich die Beziehung zu verlassen.«

Er habe, fuhr Josef fort, schon an der Eingangstüre des Hauses gespürt, daß es ein trauriges Haus war.

»Eine Schwermut lag in der Luft, ein Unglück, auch wenn es keinen Namen hatte. Etwas mußte hier geschehen sein, altes Leid war in den Mauern verankert. Ich fragte sie nach der Geschichte des Hauses, aber sie kannten sie nicht. Ich hatte das Gefühl, daß es eine Kriegsgeschichte war. Ich war

Positive Schwingungen für eine Fabrik

mehrere Stunden in der Wohnung und setzte mit Kristallen Akupunkturstellen, um das Gemüt der Wohnung aufzuhellen. Für das gesamte Haus durfte ich nichts tun, denn jeder Mensch, der sich eine Wohnung wählt, wählt unbewußt auch die Energie dieses Platzes. Und so war es auch bei dem Paar. Sie sahen die Wohnung, spürten unbewußt die schwermütige Schwingung und fühlten sich zunächst wohl, denn sie war ihnen vertraut. Erst wenn die Menschen sich dessen bewußt werden, was sie sich geschaffen haben, und darunter leiden, kann Änderung geschehen. In einer Firma ist es nicht anders. Wenn zum Beispiel Streit in einem Geschäftslokal als Energie verankert ist, dann wechselt das Personal oft, ohne daß sich an den Problemen etwas ändert. Erst die Erkenntnis, daß die Räume Heilung brauchen, kann wieder Frieden bringen.«

Josef Volsa zeigt plötzlich in der Ferne auf zwei neue Industriebauten, die am Straßenrand mitten in den Feldern stehen.

»Wir sind da, das ist die Firma, in der ich positive Schwingungen verankert habe. Seither sind die Krankmeldungen um fünfundzwanzig Prozent zurückgegangen, die Arbeitsleistung ist dafür um dreißig bis vierzig Prozent gestiegen.«

Er muß mir nicht sagen, welches der beiden Unternehmen der »Kraftplatz« ist. Das Gebäude strahlt und leuchtet mir entgegen, und das Wort »Kleinod« kommt mir in den Sinn, bei einem Flachbau aus Alu und Glas ein seltsamer Gedanke.

Im Foyer kommt uns der Chef der Firma entgegen.

»Sie werden es nicht glauben«, sagt er, »meine Frau und ich fahren am Wochenende hierher zum Kaffeetrinken, so entspannend ist es hier.«

Ich glaube es ihm. Ich merke, daß ich müde bin von unserem Abenteuer in der Ritterburg, und würde mich gerne für einen Augenblick im Innenhof in dem japanischen Garten an den Teich setzen, zwischen die vier großen Steine, die Josef Volsa in den Ecken aufgestellt hat.

»Hier war eine Kreuzung von sieben Störzonen«, sagt er, »so stark, daß man nicht darauf bauen konnte. Später, als ich dazukam, habe ich die negative Kraft genützt und sie durch Erdakupunktur in positive umgewandelt. Aber das ist noch nicht alles, was hier geschah, damit die Mitarbeiter ungestört produktiv sein können: Die Schreibtische wurden mit einer speziellen Konzentrationsschwingung versehen, im Besprechungsraum eine Kommunikationszone installiert, der Eingangsbereich wurde durch einen Kraftplatz gestärkt …«

Als wir das Unternehmen verlassen, habe ich noch immer nicht verstanden, was dieses Verfahren, von dem Josef Volsa sagt, daß es meßbare Erfolge bringt, von Magie unterscheidet. Aber was soll's. Ich weiß zumindest, daß ich mit den Räumen, die mich umgeben, achtsamer umgehen muß.

Zurück in Wien: Ich räume endlich aus meinem Kofferraum Gummistiefel, Badeschlapfen, ein Handtuch, das seit dem Sommer vor sich hingammelt, eine Kaffeetasse, die an einem eiligen Morgen hier gestrandet ist, und die Bolzen für meine Sommerreifen, die in den Keller gehören.

»Du bist ein Kraftplatz«, sage ich liebevoll zu meinem fahrbaren Untersatz. »Und morgen kommst du in die Waschstraße.«

Von einer Müllhalde, die zum Kraftplatz wurde, und einer Grotte der Muttergottes von Lourdes

Wer es nicht weiß, fährt daran vorbei. Kein Zeichen, kein Wegweiser, nur eine ungefähre Beschreibung von Freunden: in Hintersdorf an der Kirche vorbei, dann an der Straße nach Tulln rechts …

Das Erdheiligtum macht sich nicht wichtig: eine Holzhütte, ein Feuerplatz, auf der Anhöhe ein langer Pfeil aus Stahl, der auf den Polarstern weist. Die acht Steine, die im Kreis um ihn angeordnet sind, bedeuten die Himmelsrichtungen, so wie die Indianer sie verstehen.

Die Sonne taucht im Osten auf, das bedeutet Neuanfang, Offenbarung und Inspiration. Im Südosten werden die Lehrer der Menschheit und der Geist der Ahnen angerufen. Der Süden zeigt die Sonne des Mittags, unter der ein Mensch den anderen im hellen Licht erblickt. Er steht für die Unschuld und das Vertrauen. Der Südwesten öffnet den Zugang zu den Naturgeistern, den Elementen Feuer, Wasser, Erde und Luft. Im Westen, wo die Sonne untergeht, ist der Platz des Einblicks ins Leben, des Einstehens für unser Dasein und der Vollendung. Im Nordwesten finden wir die bejahenden Kräfte, die Helfer und Engel, die zwischen Gott und den Menschen vermitteln. Der Norden weist auf den Polarstern, um den sich der ganze Himmel dreht. Hier ist der Ort der Weisheit, der Macht und der Erkenntnis. Der Nordosten ist der Platz des Wirkens und der Mitarbeit an der Welt, dort, wo wir verantworten, daß nach sieben Generationen das Wasser noch rein ist.

Der »Hausherr« ist schon von weitem erkennbar. Der alte Mann mit schlohweißem Bart und Hut wird von jedem, der die Waldlichtung betritt, liebevoll begrüßt. Von allen Seiten kommen sie, in warme Jacken oder Mäntel eingepackt, mit Teekannen oder Weinflaschen unterm Arm, als Schutz gegen die klirrende Kälte.

Das »Ostfest«, ein Ritual für den Tag, an dem die Wintersonne sich wendet, beginnt erst in einer halben Stunde, aber der Kreis um die Feuerstelle wird immer dichter.

Arnold Keyserling, Professor für Weltkultur und Mäeutik – das Wort bedeutet: »Menschen zu ihrem Wesen zu erwecken, den Durchbruch zur eigenen Vision und Offenbarung zu finden« –, ist zufrieden.

»Am Anfang waren wir nur ein kleiner Haufen, jetzt sind wir schon mehr als hundertfünfzig bei jedem Fest. Sagen Sie Winny, sie soll Ihnen den Text der Anrufung geben, damit Sie wissen, worum es heute geht.«

Mit gewöhnlicher Organisation gibt sich der Meister nicht ab, dafür ist seine Frau zuständig.

»Sie werden sie gleich erkennen, wir sind wie zwei alte Löwenzähne.«

Wilhelmine Keyserling, »Seele des Erdheiligtums«, ist noch beschäftigt. Die Töpfe zum Wärmen ihrer selbstgemachten Lammsuppe sind noch nicht ausgepackt, der Tisch mit Brot und Kuchen muß noch aufgebaut werden.

Eine halbe Stunde später verwandelt sich die Hüterin des Platzes in eine Erdpriesterin. Swift Dear, ein nordamerikanischer Indianer, war ihr Lehrer und hat sie in die Riten seines Volkes eingeweiht und damit den Grundstein für die Jahreszeitenfeste gelegt.

»Als Winny aus Amerika zurückkam, sind wir im Wiener Prater mit einem Kompaß auf dem Boden gesessen und mußten zuerst die Himmelsrichtungen finden, bevor wir üben konnten.«

Heute sind beide Keyserlings fast achtzig Jahre alt und denken nicht daran, ihre Leidenschaft für Rituale aufzugeben. Seit zwanzig Jahren haben sie hier im Steinbruch ihren eigenen Platz. Oder besser gesagt: Der Platz hat sie.

»Eigentlich wollten wir nur einmal im Jahr ein Fest feiern, jetzt sind es acht, und wir sind richtig süchtig danach.«

Das Datum und die Uhrzeit der Zusammenkünfte werden vom Professor auf die Minute genau berechnet und allen Besuchern des Heiligtums rechtzeitig mitgeteilt.

Die Idee, einen Ort zu finden, an dem die Steine, die sie jedesmal für ihre Rituale mühsam zu einem Kreis legen, nicht wieder von Wildhütern und Unwissenden weggeschleppt werden, kam dem Professor im Schlaf.

»Ich träumte, ich müsse ein Erdheiligtum gründen, denn die Erde ist kein toter Himmelskörper. Sie ist ein lebendiges weibliches Wesen, eine liebende Göttin, die umworben und gepflegt werden möchte. So wie es unsere Ahnen, die Kelten, schon getan haben.«

In der Vision mitgeliefert wurde auch gleich die praktische Umsetzung.

»Ich hörte innerlich den Auftrag, ein Inserat in der Zeitung aufzugeben – Steinbruch für Erdheiligtum zu pachten oder kaufen gesucht.«

Die Antwort kam prompt und warf gleich ein paar Probleme auf. Ein Bauer war willig, seinen Steinbruch günstig zu verpachten, wenn man bereit sei, die wilde Mülldeponie zu entfernen, die auf dem Platz am Rand von Hintersdorf entstanden war. Alte Autos, Kühlschränke, ausrangierte Sofas, zerbrochene Flaschen – ein symbolreiches Bild, wie wir Menschen die Erde behandeln, bot sich dem Ehepaar bei der Besichtigung. Zweiundzwanzig Lastwagenfuhren

waren notwendig, damit der Steinbruch am Rand eines Buchenwaldes nutzbar wurde.

Am 7. Dezember 1982, als die Sonne auf fünfzehn Grad Schütze stand, haben die beiden Astrologen an einem nebligen Vormittag ihren Traum endlich verwirklicht und mit einer kleinen Gruppe Gleichgesinnter das Erdheiligtum eingeweiht.

Am Anfang gab es nichts als Lehm, heute blühen im Frühling überall am Wegrand Blumen, die Winny Keyserling gesetzt hat, und manchmal kommt sie vorbei und jätet »ihren Garten«.

Aber noch ist Winter, die Menschen scharen sich eng ums Feuer und hören die Botschaft zu diesem Fest. Die »Anrufung der Kräfte im All« wird von Wilhelmine gesprochen, empfangen aus dem Universum hat sie Arnold.

»Es ist, als ob ich Nachrichten im Radio höre, nur spannender. Wir setzen uns hin und konzentrieren uns, dann wird sie aufgeschrieben und hier an alle verteilt.«

Es geht um die Lebensaufgabe, die jeder schon von Geburt an in sich trägt, darum, daß alles Unechte von uns abfällt, daß Feinde zu Freunden werden.

Genau um 15 Uhr 13, in der Minute, in der sich die Wintersonne in diesem Jahr wendet und die Tage wieder länger werden, beginnt das eigentliche Ritual. Der alte Magier und seine Frau versammeln eine andächtig stille Gruppe rund um den Steinkreis, der mit Laternen und Kerzen beleuchtet ist. In jede der acht Richtungen des indianischen Rades werden Gebete gesprochen, die Winny mit einem kräftigen Trommelschlag verstärkt.

Währenddessen rutschen die Kinder begeistert im Schnee von den Hängen des Steinbruchs und kümmern sich nicht um die feierliche Stimmung der Erwachsenen. Niemand fühlt sich gestört. Hier scheint das Thema des Wassermannzeitalters, so wie die Keyserlings es verstehen, schon umgesetzt: »Die wirkliche Gemeinsamkeit der Menschen ist die Liebe.«

Später am Lagerfeuer, bei Suppe und Wein, werden alte Kontakte gepflegt und neue aufgenommen. Der Professor redet sich in Begeisterung, wenn er den Sinn der gemeinsamen Rituale erklärt.

»Wir wachsen in ein neues Bewußtsein hinein, in dem der Himmel und die Erde in Einklang sind, in dem das Prinzip von männlich und weiblich gleichberechtigt nebeneinander existieren kann. Und all die Katastrophen, vor denen die Menschen sich fürchten, vom Atomkrieg bis zum Weltuntergang, müssen in der Realität nicht stattfinden. Sie sind nur ein Symbol für den notwendigen Tod des bestehenden Systems. Das Ziel des Menschen ist nicht mehr Anpassung, sondern persönliches Wachstum. Besitz und Eigentum sind nur noch zulässig, wenn sie die Schönheit und Entfaltung der Erde fördern. Wer Sicherheit darin sucht, identifiziert sich mit Vergangenem. Die Arbeit soll nicht mehr so viel Zeit in Anspruch nehmen, sondern der Befriedigung echter Bedürfnisse dienen. Wer seinen Lebensunterhalt mit dem bestreitet, was für ihn sinnvoll und für andere nützlich ist, kann keiner Krise zum Opfer fallen. Der Zeitgeist hat sich geändert. Der Mensch ist nicht mehr Repräsentant eines vorgegebenen geistigen Systems, es sind seine eigenen Wurzeln, seine eigenen Visionen, die ihm zu natürlichem Wachstum verhelfen.«

Es ist schon dunkel, und die Kälte kriecht durch meinen warmen Pullover, als freiwillige Helfer die Töpfe, Trommeln und nicht gebrauchten Kerzen wieder einpacken und die beiden weisen Alten sich von den letzten Besuchern verabschieden.

Später wird nur die Glut des Feuers an die vielen Frauen,

Männer und Kinder erinnern, die hier Gäste waren. Keine Pappbecher, kein Stückchen Papier, keine leeren Flaschen bleiben auf der Erde zurück. Die alte Mülldeponie hat ihren Frieden gefunden und sich mit den Menschen wieder versöhnt.

Ein paar Tage später: Das Erlebnis des Erdheiligtums schwingt noch in mir. Die Sehnsucht, dieses Gefühl wiederzufinden, führt mich zurück in den alten Steinbruch. Meine Freundin Ulrike begleitet mich.

Frischer Schnee liegt auf dem Weg, die Fußstapfen vom letzten Fest sind alle verwischt. Wir wissen nicht mehr, ob die Abzweigung vor oder nach der Ortstafel von Hintersdorf zum Ritualplatz führt, und laufen in die Irre. Auf den Spuren eines Karrenwegs und gelangen wir in einen Wald. Die Baumstämme schimmern in silbernem Grau, zu Hunderten stehen die Buchen in einer seltsam magischen Ordnung da und warten auf den Frühling.

Wir sind froh über den »Irrweg« und wandern still eine Weile auf einem schmalen Pfad. Hier ist die Natur Kraftplatz pur, ohne daß Menschen etwas erschaffen haben.

Die richtige Abzweigung zum Erdheiligtum – nämlich hinter der Ortstafel – finden wir später mühelos, und wieder stehen wir vor dem Lebensrad aus Steinen, das die Bewegungen der Sonne am Himmel symbolisiert. Der Pfeil aus Chromnickelstahl, der die elektromagnetische Energie des Himmels mit der Schwerkraft der Erde verbinden soll, ist leicht mit Schnee angezuckert und sieht heute ziemlich abweisend und kalt aus. Die Kerzen vom letzten Ritual mühen sich ab, ihre Köpfe aus dem Weiß zu strecken, und kommen mir vor wie Ertrinkende. Ich vermisse die Menschen.

Braucht das Erdheiligtum die Wärme einer Gruppe, weil es neu angelegt wurde und nicht wie die alten Plätze von unseren Ahnen schon verehrt und seit Menschengedenken genützt wurde? Oder brauche ich die vielen Gleichgesinnten, damit mir der Platz nicht so leer und fremd erscheint. Ich höre die Autos der nahen Straße wie durch einen Schallverstärker und stehe verloren mit kalten Füßen am Rand des Steinkreises.

Arnold und Wilhelmine Keyserling wollten mit ihrem Ritualplatz an eine Zeit erinnern, als das Göttliche noch nicht männlich oder weiblich war. Für sie sind Vatergott und Muttergöttin Schritte in einem Entwicklungsprozeß, in dem es gilt, das Ganze wiederzufinden, wie es einmal war: ein Urbild, ein Urlicht, in dem das Göttliche form- und namenlos den Menschen allgegenwärtig ist.

»Wir sind nicht immer in derselben Stimmung«, sagt Ulrike, die meine Unsicherheit spürt. »Was uns heute guttut, kann morgen schwierig sein, weil wir vielleicht mehr Schutz brauchen. Komm, ich zeig dir die Lourdesgrotte, in der Nähe von Maria Gugging. Sie ist nur ein paar Kilometer von hier entfernt, dort fahre ich hin, wenn ich traurig bin.«

In der Lourdesgrotte hat der Glauben noch seine gewohnte Ordnung: Über allem hängt Jesus am Kreuz, ganz oben in den Felsen. Rechts unter ihm schaut Maria mit einem Lichterkranz und gefalteten Händen fast flehend zum Himmel.

In der Felshöhle, deren Vertiefung von Menschenhand geschickt in den Stein gehauen wurde, steht eine Nachbildung des alten Marmoraltars von Lourdes. Links neben der Grotte, von Efeu umrankt, die Statue des Mädchens, dem die Muttergottes vor fast hundertfünfzig Jahren in Frankreich erschienen ist. Die vierzehnjährige Bernadette, aus weißem Stein gehauen, wendet ihr Gesicht vertrauensvoll der »Königin der Engel« zu. Sie hat sich nicht beirren lassen.

Kein Spott, keine Drohung konnte sie vom Glauben an die Erscheinung der weißgekleideten Dame, die sich später als »unbefleckte Empfängnis« vorstellt, abhalten.

»Geh hin an die Quelle, trink daraus und wasche dich darin!« waren die Worte, mit denen Maria das Kind aufforderte, an einer bestimmten Stelle nach Wasser zu graben. Die Gläubigen, die in der Lourdesgrotte im Wienerwald diese Worte in Stein eingraviert finden, müssen nicht selbst graben. Das Quellwasser kommt durch eine Wasserleitung aus den Hügeln der Umgebung und gilt als besonders heilsam.

Der alte Steinbruch wurde vor fast achtzig Jahren von einem Missionar entdeckt, der nach einem bewegten Leben in den kleinen Wallfahrtsort Maria Gugging kam und hoffte, hier noch ein paar ruhige Jahre zu verbringen. Auf einer seiner Wanderungen durch den Wienerwald sah er plötzlich über sich einen großen Felsen, der ihn an die Grotte von Masabielle erinnerte.

»Entweder ist dort oben eine Lourdesgrotte oder der Fels ist berufen eine zu werden«, erzählt die Chronik über seine Gedanken, die er dann mit tatkräftiger Hilfe der Bevölkerung umsetzte.

Schon im Frühjahr 1924 begann ein Steinmetz den rauhen Fels zu glätten und eine Öffnung hineinzuhauen. Doch das Geld aus Spenden reichte nicht weit, und die Arbeit mußte wieder eingestellt werden.

Der Missionar ließ nicht locker und verteilte ein von ihm verfaßtes Gedicht, das die Spenderherzen rührte.

> … O Fels im Wald, wie bist du hart,
> kein Herzeleid kann dich erweichen!
> Ahnst du denn nicht, was deiner harrt?
> Maria Lourdes sollst du gleichen.

Das Herz des Steins ließ sich erweichen, vor der stimmungsvollen Imitation der französischen Lourdesgrotte haben inzwischen Hunderttausende von Menschen um Hilfe gebeten und tun es noch immer.

Es ist Sonntag, Dutzende von Kerzen brennen noch vom letzten Gottesdienst und leuchten den Felsen an, der schon ganz schwarz von Ruß ist. Es ist ein stilles Kommen und Gehen vor dem Marienaltar. Meist sind es Frauen, die in der beginnenden Dämmerung als Opfergabe ein Licht anzünden und ihre Gebete sprechen.

Die Wand der Klause, die wie ein Schutzschild vor dem Marienheiligtum steht, ist voll mit Dankestafeln: »Ich vertraue weiter, schütze mein Kind«, »Durch eine wunderbare Tröstung bewahrte mich die Muttergottes vor einer Verzweiflungstat« und viele andere kleine Sätze, die große Geschichten erzählen, stehen da geschrieben.

Wir wischen den Schnee weg und setzen uns auf eine der Kirchenbänke unter freiem Himmel. Ich fühle mich trotz der Kälte wohl und geborgen. In meiner Kindheit habe ich oft mit meiner Oma vor der »Himmelmutter« in ihrer Marienkirche gebetet und daran geglaubt, daß es nichts gibt, was sie nicht erhört.

Die Verehrung einer Muttergottheit war den Menschen schon Jahrtausende vor Christus ein Bedürfnis und zieht sich durch alle Kulturen. Ob sie »Innin«, »Vesta«, »Isis«, »Demeter«, »Noreia« oder »Gaia« genannt wurde, die »Allmutter« hatte immer eine große Bedeutung.

Im Steinbruch von Hintersdorf ist sie die »Erdgöttin«, im Steinbruch der Lourdesgrotte verwandelt sie sich in Maria. Die Menschen, die hierher kommen und Trost finden, sind genauso Suchende wie die, die ein paar Kilometer weiter nach alten Ritualen feiern und beten.

Toleranz wäre gut, empfiehlt Pfarrer Jantsch in seinem

Lourdesgrotte im Wienerwald

Buch »Kultplätze im Land um Wien«: »Es müßte für alle eine menschliche Basis geben. Der Gläubige soll nicht heidnische Opferstätten verdammen, der Ungläubige, oder besser gesagt, der nicht Kirchengläubige, sollte Verständnis für die anderen haben. Die Achtung und Liebe zu den heiligen Plätzen könnte alle verbinden.«

»Manchmal, so wie heute, ist es ein stiller Ort«, sagt Ulrike, und wir nicken gemeinsam einer Frau zu, die eine Weile im Stehen betet, bevor sie mit einer Tasche voller Wasserflaschen, die sie an der Quelle unter der Statue der heiligen Bernadette gefüllt hat, wieder durch den Torbogen der Klause geht.

Er ist die klar definierte Grenze zwischen der Freiluftkirche und der Außenwelt. Der Parkplatz am Fuß des Hügels läßt ahnen, daß auch die Lourdesgrotte im Wienerwald von der Geschäftigkeit der meisten Wallfahrtsorte nicht ganz verschont geblieben ist. Aber hier ist alles kleiner, selbst der Souvenirstand bemüht sich, nicht aufzufallen.

»Ich komme gern hierher«, sagt Ulrike, und mit ihr beuge ich mein Knie, als wir wieder gehen. »Es ist ein starker Ort der Kraft, hier kann man den Trost, der gespendet wurde, und den Dank der Menschen in der Luft spüren. Der Gott oder die Göttin in uns braucht ohnehin keine bestimmte Umgebung, um zu wirken. Wir sind es, die nach Plätzen suchen, die uns unterstützen, die Quelle in unserem Inneren zu spüren. Ob wir unseren Frieden im Erdheiligtum oder in einer Mariengrotte finden, ist nicht so wichtig.«

Ein neuer Frühling in einem neuen Jahr, das dem Zeitalter des Wassermanns zugeordnet wird. Das Gefühl, dem Erdheiligtum etwas zu schulden, weil es mir so hohl und leer erschienen war, noch einmal spüren zu wollen, was der Platz mir an einem neuen Festtag erzählen will, zieht mich zum alten Steinbruch.

Die Menschen treffen einander wieder am Lagerfeuer, wie damals, aber die Stimmung ist gelöster. Keine Kälte, kein Schnee, die Natur hat die Wende zum Frühling ernst genommen. Das Wetter zeigt sich mild, so als wollte es die Gastgeber, die älter und zerbrechlicher wirken, schonen.

Die beiden »Löwenzähne« sitzen einander gegenüber. Jemand hat zwei Stühle hingestellt, damit sie es ein bißchen bequemer haben. Es gibt keine Lammsuppe heute, Winny kommt nach einer Hüftoperation direkt aus dem Krankenhaus. Dennoch übernimmt sie das Kommando und verliest die Botschaft zum Tag.

»Menschen im All! Wir bitten um Weisung, wie wir uns auf das Ost-Fest im Plutojahr 2001 vorbereiten und es mit unseren Freunden feiern können.«

Dann spricht sie von den Gegensätzen, die unser Leben bestimmen, und von der Polarität, die leichter zu leben ist als die Synthese.

»Doch wer den jenseitigen Mächten lauscht, wird eine Lösung finden«, sagt sie mit klarer, lauter Stimme.

Arnold sitzt still da, die Hände auf seinen Stock gestützt.

»Ich war sehr krank, was man halt alles hat, wenn man alt wird: Schlaganfall, Herzinfarkt, Prostataoperation …«

Er sagt es einfach so, als Tatsache, die er zur Kenntnis nimmt. Seine Vorlesungen gibt er dennoch nicht auf.

»Ich lehre immer noch an der Hochschule für Angewandte Kunst, außer in der nächsten Woche, da wird mein grauer Star operiert, dann kann ich auch wieder besser sehen.«

Wer seinen Visionen folgt, läßt den Körper nicht über den Geist herrschen.

Damals, als der Professor das russische Silber seiner Mutter verkaufte, um die Ablöse für die Schutthalde bezahlen zu können, war der Traum so stark, daß er alles dafür eingesetzt hat. Heute erntet er mit seiner Frau die Früchte. Mehr als hundert Menschen haben sich an diesem Dienstagnachmittag Zeit genommen, um die Anrufungen zu hören. Junge, Alte, Ausgeflippte, Bürgerliche, ein bunter Haufen aus allen Gesellschaftsschichten.

»Es ist bald 14 Uhr 19«, sagt Winny, »laßt uns zum Steinkreis gehen.«

Es dauert alles ein bißchen länger, die Schritte der beiden sind langsamer geworden. Arnold wird von einer jüngeren Frau gestützt. Da sitzen sie nun auf ihren Holzstühlen, ein wenig schmaler geworden seit dem letzten Fest, aber mit der ganzen Festigkeit und Würde, die ihnen die Aufgabe verleiht, die Kräfte des Himmels zu rufen.

Mehr als hundert Kerzen gehen auf Wanderschaft. Von den Händen, die sie am Lagerfeuer entzündet haben, werden sie im Kreis in den feuchten Lehmboden gesteckt. Der Wind kommt und bläst immer wieder einige aus, und immer wieder werden sie geduldig angezündet. Jeder und jede fühlt sich für das Ganze zuständig. Schwesterlichkeit und Brüderlichkeit selbst in den kleinen Dingen.

»Es ist wichtig, daß wir uns dazu bekennen, daß wir in uns selbst ein vereinigendes Symbol tragen. Wir haben die Gegensätze in unserem Inneren auf einen Zettel geschrieben und dem Feuer anvertraut, nicht um sie zu vernichten, sondern um sie zu vereinen, weil das Feuer die Kraft des Wollens verstärkt. Die Meditation mit dem Feuer ist der kürzeste Weg, um das eigene Selbst mit dem großen Selbst zu verbinden. Wir feiern auch für die Erde, und es ist wichtig zu verstehen, daß wir mit unserer Synthese an der Verwirklichung der Liebe und des Friedens mitarbeiten können. Daß das Wetter heute so schön ist, bedeutet, daß der Zeitpunkt und der Ort für dieses Fest gesegnet sind.«

Nach dieser Rede schweigt der Professor für eine Weile, und ich spüre, wie in mir das Gefühl für die Magie des Platzes zurückkehrt. Der Pfeil aus Chromnickelstahl weist silbern auf die Birken, die das Grau des Metalls verstärken und den Strahl in den Himmel weiterleiten. Kein Designer hätte diesen Mix aus Material und Natur so edel planen können.

Diesmal rutschen die Kinder nicht von den Schneehügeln, sondern toben mit den Hunden zwischen den andächtig Betenden, und wieder scheint es niemanden zu stören.

Am Ende des Rituals wenden sich die Menschen einander zu und umarmen sich.

»Ich wünsche dir alles Gute zur Erneuerung«, sagen Fremde zu Fremden und Vertraute zu Vertrauten.

Auch das Erdheiligtum hat sich für mich erneuert.

Von einem Lauf über vier heilige Berge und der Göttin Isis Noreia

Eine halbe Stunde vor Mitternacht. Ein goldener Wurm aus Licht windet sich in Serpentinen den Berg hinauf. Was für ein romantisches Schauspiel! Es dauert eine Weile, bis ich verstehe, daß wir in wenigen Minuten Teil dieses Fabeltieres sein werden. Gefangen in der Schlange der Autos, deren Fahrer alle dasselbe Ziel haben: die Kirche auf dem Magdalensberg.

Gleichzeitig fließt ein dünnes Rinnsal aus Licht von oben nach unten. Unruhig hüpfende Leuchtpunkte, die keinen Sinn ergeben.

Erst als wir uns dem Schwanz des Leuchtwurms zuordnen und uns Zentimeter für Zentimeter, Stoßstange an Stoßstange dem Gipfel nähern, bemerken wir, daß die Irrlichter Wanderer sind, die uns entgegenkommen. Seltsam. Das Ritual, das vielleicht Jahrtausende alt ist, beginnt doch erst um Mitternacht.

Wir sind zwei Fremde, verwirrt von den Regeln eines einheimischen Brauchs. Darüber hat mein kluges Buch über den Vierbergelauf in Kärnten nichts gesagt. Weder vom Stau war die Rede, noch gab es eine Erklärung dafür, warum die einen bergauf streben, während die anderen schon wieder bergab laufen. Später wird uns ein echter Vierbergler erzählen, daß wir »degenerierte Städter« seien, denn wer wirklich dazugehören will, geht zu Fuß auf den Magdalensberg.

Vor der Kirche Gedränge im Dunkeln. Namen werden gerufen, Taschenlampen am Kopf festgeschnallt, Fackeln aus Rucksäcken geholt, Gruppen finden sich zusammen. Kärntnerisch ist die vorherrschende Sprachmelodie, ein paar internationale Klänge sind beigemischt: ein bißchen Norddeutsch, ein bißchen Bayerisch, ein bißchen Italienisch, dazwischen ein paar Schweizer, die sich mit »grüezi« begrüßen.

Fröhliche Hektik, während sich in der Kirche die Frommen, die sich rechtzeitig einen Platz ergattert haben, noch ihren ersten Segen holen. Das Wirtshaus am Gipfel quillt von Menschen über, die sich laben wollen, bevor es losgeht. Siebzehn Stunden über Stock und Stein. Bei jedem Wetter. Da können eine Gulaschsuppe und ein Schnaps nicht schaden.

Ich halte Elke, meine Freundin seit mehr als dreißig Jahren, am Ärmel fest, damit sie mir nicht verlorengeht. Gut, wenn man hier nicht ganz allein ist. Im Sog der aufgeregten Menge geht das Individuum unter. Wellen von Menschen branden einmal hierhin, einmal dahin. Die einen drängen Richtung Kirche und wollen warten, bis die Messe vorbei ist, die anderen wollen schon ins Tal und sammeln sich zum Abmarsch.

Wir gehen mit, als die nächste Welle aufbricht, noch ehe die Messe zu Ende gelesen ist.

Es ist ein Hasten, ein Stolpern durch die Dunkelheit, Taschenlampen blitzen auf. Wegkundige verlassen nach wenigen Metern die Asphaltstraße, wir laufen mit. Rutschen im nassen Lehm, klammern uns an Zweige, hoffen, daß wir die Gruppe, der wir folgen, nicht verlieren. Es hat den ganzen Tag geregnet, jetzt ist es sternenklar, aber kühl, und der Boden ist aufgeweicht. Eine Kuhweide, ein Zaun, alles matschig, der steile Pfad eine Rutschbahn.

Elke zeigt mir in der Ferne den geordneten Zug der Wallfahrer, die brav auf der Asphaltstraße gehen. Sie rennt dabei fast einen älteren Mann mit Hut um und findet in ihm schon am Anfang unseres Abenteuers einen kundigen Reiseführer.

»Ihr seid wohl zum ersten Mal dabei«, sagt er gutmütig und weist sich als alter Vierbergler aus, der schon siebzehnmal mitgegangen ist. »Ich heiße Gert und bin ein Keltenfan«, fügt er hinzu, und es ist klar, daß es sich um ein Zugehörigkeitsmerkmal handelt, so als ob er uns die Farben seines Fußballclubs erklärt.

Lektion eins unseres Wanderführers ist eine Analyse der Teilnehmer.

»Es gibt vier Typen von Menschen hier«, sagt er, »die ersten sind die Sportler. Für sie ist es wie ein Marathon, das wichtigste ist die Zeit, auch wenn es keine Zeitmessung und keine Pokale gibt. Das sind die, die schon wieder hinunterlaufen, während die anderen erst zur Messe gehen. Die zweiten sind die Wallfahrer, obwohl der Vierbergelauf keine echte Wallfahrt ist, denn es gehen keine Priester in Amt und Würden mit, sondern nur Kreuzträger.«

Ich frage nicht sofort, was genau ein Kreuzträger ist, denn der Ton, in dem unser Begleiter über sie spricht, weist darauf hin, daß man das zu wissen hat.

»Die dritten sind die Verehrer der Göttin Isis Noreia. Ihr zu Ehren, so sehe ich das jedenfalls, findet dieser Umlauf, den es seit der Keltenzeit gibt, jedes Jahr statt. Die vierten sind die Schüler, die frei bekommen, wenn sie mitgehen, und solche, die nicht wissen, warum sie dabeisind, aber einfach ihren Spaß haben.«

Wer wer ist, ist spätestens nach zwei Stunden leicht zu erkennen. Einige der Schüler singen begeistert laute Lieder, bis sie müde werden. Und die, die einfach ihren Spaß haben wollen, kehren beim »Fleißner«, dem ersten Wirtshaus am Weg, ein.

»Viele werden nicht mehr weiterkommen, weil sie zuviel getrunken haben.«

Mißbilligend ist Gerts Ton, schneller wird sein Schritt.

»Nach dem Wald fängt das Zollfeld an, jetzt werden uns bald die Kreuzträger überholen.«

Und dann kommen sie. Nicht würdig schreitend, wie ich sie mir vorgestellt hatte, Männer, die Jesus am Kreuz tragen. Nein, sie rennen, als ob sie etwas gestohlen hätten. Und so schnell wie ihr Tempo ist das Gebet. Ein Rosenkranz nach dem anderen, der Schritt gibt den Rhythmus vor, denn Eile tut not.

»Sie müssen bei jeder Messe, bei jedem Segen als erste dasein und die Wallfahrer immer wieder überholen«, erklärt unser Keltenfan die ungewöhnliche Hast.

Ein Teil der Gläubigen versucht, mit den Vorbetern mitzuhalten, und beschwörend murmelnd zieht der Zug an uns vorbei.

Noch sehe ich dem, was geschieht, von außen zu. Noch gehöre ich nicht zu dieser eingeschworenen Gemeinschaft, die sich einmal im Jahr hier trifft. Viele sind es, vielleicht drei- oder viertausend. Niemand zählt sie offiziell, weil niemand den Vierbergelauf organisiert.

Obwohl alles einem Plan folgt. Am »Dreinagelfreitag«, zwei Wochen nach Ostern, so war es immer, selbst im Krieg, als die Bomben fielen, waren ein paar Mutige unterwegs. Da ziehen sich die Vierbergler ihre bequemsten Schuhe an und machen sich auf den Weg. Denn wer dreimal in seinem Leben diese Strapaze auf sich nimmt, hat einen sicheren Platz im Himmel. Die Kreuzträger sind Männer aus der Umgebung, die die Kreuze aus den Kirchen oder ihren Jesus aus dem »Herrgottswinkel« zu Hause auf den Schultern tragen.

Manchmal, wenn der Waldpfad vom Magdalensberg ins

Tal eng wird oder der Matsch den Weg auf seine Hälfte reduziert, kommen wir in Tuchfühlung mit den Sportlern. Sie drängeln vorbei, die Zeit ist kostbar. Jede Minute ist teuer in der Bilanz der Nacht.

»Manche brauchen nicht länger als acht oder neun Stunden«, sagt Gert, und sein Tonfall verrät, daß er den oberflächlichen Zugang nicht schätzt.

Das Zollfeld, ein paar Kilometer nördlich der Landeshauptstadt Klagenfurt, ist groß, und ich bin müde. Eine weite, flache Landschaft, im Dunkeln ohne Reiz. Zweifel nagt an mir, daß das Ganze ein Spektakel ist, das ich mir hätte ersparen können. Wozu soll ich mich siebzehn Stunden quälen, um von einem Berg auf den nächsten zu rennen?

Das Licht vor einem großen Gebäude taucht wie eine Oase in der Wüste auf. Ein Mann und eine Frau, warm gegen die Kälte eingepackt, verteilen kostenlos heiße Getränke und belegte Brote. Ihnen gehört die Firma, die mit Fenstern und Türen handelt.

»Wir machen das jedes Jahr, es ist schön, diese engagierten Menschen zu versorgen«, sagen sie und schöpfen unermüdlich Tee aus einem riesengroßen Topf in Plastikbecher. An dem Gebäude lese ich in Großbuchstaben eine bekannte Marke für Plastikfenster. Sie wird mir von nun an immer sympathisch sein.

Die erste Rast mit Sitzplatz naht.

»Jetzt müssen wir schnell sein«, sagt Gert und beschleunigt seinen Schritt. »Da vorne ist Pörtschach am Berg, beim Tschinderbauer finden wir vielleicht eine freie Bank.«

Im zugigen Schuppen rücken die Wanderer zusammen, als wir uns dazupressen. Viele packen ihre Brote aus. Ein Mann geht von Tisch zu Tisch und verkauft »Vierberglerlaub«: Wacholder, Efeu, Buchsbaum und Bärlapp.

»Bei jedem Berg wird damit ein Viertel des Stocks oder des Huts geschmückt, als Beweis dafür, daß man wirklich oben war«, sagt Gert, und ich kaufe mir ein Büschel.

Dann lege ich meinen Kopf auf den Tisch und kämpfe gegen die Müdigkeit. Es ist drei Uhr morgens, ich möchte in mein Bett und nichts anderes. Rund um mich wird gescherzt und gelacht, andere schlafen im Sitzen, einige versorgen die ersten Blasen an den Füßen.

Auf dem Friedhof ein paar Meter weiter sitzen die Menschen, die keinen Platz auf den Wirtshausbänken gefunden haben, auf den Grabsteinen und ruhen sich bei den Toten aus. Ein makabres und gleichzeitig berührendes Bild. Ein Lichtergarten für die Verstorbenen, für eine Nacht ganz eng mit den Lebenden verbunden.

Der Anstieg auf den Ulrichsberg beginnt. Hier gibt es viele Wege, und jeder ist richtig. Aus allen Büschen brechen immer wieder Wanderer hervor, wie Wild, das den Weg wechselt. Es ist noch immer tiefe Nacht, die Stirnlampen irrlichtern im Wald wie große Glühwürmchen.

Noch nie in meinem Leben habe ich so auf den Morgen gewartet. Auf das erste Licht, das mir helfen wird, meine Sehnsucht nach Schlaf zu überwinden.

Gert erzählt vom Sinn des Rituals.

»Der Flurumgang um die vier Berge, auf denen früher keltische Heiligtümer standen, folgt der Sonne und ist der Muttergottheit Isis Noreia, der Göttin der Fruchtbarkeit, geweiht. Sie wurde von den keltischen Stämmen verehrt, die sich einmal im Jahr zu diesem Gemeinschaftsritual trafen. Das Heiligtum der Göttin lag genau im Mittelpunkt der vier Berge, beim Schloß Hohenstein im Glantal, dort wurden Reste davon gefunden.«

Während Gert spricht, erinnere ich mich an den Juwelier in St. Veit an der Glan, der sich in der Nähe des Heiligtums ein Haus gekauft hat, weil er nach dem Vierbergelauf von einem schweren Leiden geheilt war. Er sprach so begeistert von der Landesgöttin Noreia, die von den Römern später den Beinamen Isis erhielt, daß sie mir jetzt wie eine alte Bekannte vorkommt.

»Der Brauch kommt nicht aus der christlichen Tradition. Auch wenn die katholische Kirche mit ihrer Wallfahrtsidee den heidnischen Ursprung zudecken will«, sagt Gert, und ich höre den Unmut in seiner Stimme. »Der Ulrichsberg zum Beispiel hieß früher ›Mons Karantanus‹ und wurde erst viel später nach einem Heiligen benannt.«

In seiner Erregung beschleunigt unser Reiseführer seinen Schritt, und wir können ihm kaum mehr folgen.

»Dafür haben sich die heidnischen Bräuche erhalten. Das Mitnehmen von Erde, der Tausch von Getreide, damit sich das Saatgut fruchtbar vermischen kann. Das Umschreiten der Kirchen im Uhrzeigersinn, die Kräuter und Pflanzen, die gesammelt werden müssen, damit Unglück von Haus, Hof und Feld ferngehalten werden. Es wird erzählt, daß es in der alten Zeit ein Lauf um Leben und Tod war, weil der letzte geopfert worden sei.«

Elke und ich nicken und sagen nicht, daß wir gestern beim Abendessen im Hotel andere Meinungen gehört haben, die den Ursprung bis zurück in die Keltenzeit bestreiten. Hier scheint jeder seinen eigenen Glauben zu vertreten.

Plötzlich sehe ich sie – die Menschen, mit denen wir noch viele Stunden verbringen werden, mit denen uns ein Ziel verbindet: Durchhalten bis zum Ende der Wallfahrt am Lorenziberg. Es ist einer der Momente, die das Gedächtnis als detailliertes Bild im Archiv der Erinnerung aufbewahrt, weil der Augenblick so kostbar ist.

Bis dahin war ich »umnachtet«, im wahrsten Sinn des Wortes. Stumpf und dumpf war ich vor mich hin

gewandert und hatte meine Entscheidung mitzugehen bereut.

Doch jetzt ist alles anders. Die Sonne schickt ihr Licht auf die Wege des Ulrichsbergs, und einer nach dem anderen kommen sie aus dem ungewissen Dämmerlicht in den Tag herein, und plötzlich überflutet mich ein Gefühl der Solidarität. Wir gehören dazu. Wir sehen und werden gesehen. Grußworte werden ausgetauscht, neugierige Blicke geworfen. In Bergschuhen, Turnschuhen, Reitstiefeln, mit Stock, ohne Stock, in Hosen, Röcken, mit Rucksack oder Plastiktüte, die Vielfalt der Jungen und der Alten, der Gesunden und der Kranken ist faszinierend.

Ein Mann hat nur ein Bein und wandert auf Krücken, ein Blinder findet seinen Weg mit seinem Stock und der Hilfe eines Freundes. Meine Müdigkeit ist wie weggeblasen. Die, die uns entgegenkommen, weil sie schon wieder beim Abstieg sind, machen uns Mut, schneller auszuschreiten.

Elke trifft eine Freundin, mit der sie schöne Bergerfahrungen verbindet. Sie ist jung, sie strahlt, sie ist glücklich. Ihr Gesicht ist mir noch immer in Erinnerung. Ein paar Wochen später wird ihr Mann tödlich verunglücken, abstürzen in den Bergen. Wie schnell wird durch Leid das Glück zerstört.

Es ist noch kalt, aber schon ganz hell. Wir haben es geschafft, wir stehen auf dem Ulrichsberg. Im Tal die ganze Weite des Kärntnerlandes.

Ein warmes Feuer brennt, heißer Tee wird ausgeschenkt, nasse Shirts ausgezogen, Pflaster auf Blasen geklebt, aus einer Schale in der Kirchenruine Getreide in die Taschen gesteckt, ein paar Münzen geopfert, die Stirn mit Weihwasser bespritzt, vor den Gedenktafeln der Gefallenen aller Kriege ein Gebet gesprochen. Es spielt keine Rolle mehr, was katholischer oder heidnischer Brauch ist, was hier zählt ist das Gemeinschaftsritual.

Ich wundere mich über meine Füße. Sie tragen mich, ohne zu murren, noch keine wundgescheuerten Stellen, kein Schmerz. Jetzt, wo die Müdigkeit überwunden ist, kommt meine gute Zeit.

Gert verabschiedet sich von uns.

»Ihr kennt euch jetzt aus, ich muß weiterziehen. Das Schöne ist, daß man hier jedes Jahr so viele vertraute Menschen trifft …«

Die Nordhänge sind steil, wir kennen den Weg ins Tal nicht. Niemand scheint ihn genau zu kennen. Mehr als tausend Meter hoch ist der Ulrichsberg, und jetzt sollen wir nach Karnberg hinunter. Zur Feldmesse. Der Mann, der vor uns geht und an dessen Fersen wir uns ungefragt heften, ist zufrieden.

»So gut habe ich es schon lange nicht mehr erwischt. Selbst die Erfahrenen verlieren hier immer wieder den richtigen Pfad.«

Der Wald umschließt uns noch dicht, da hören wir in der Ferne schon die Kirchenglocken. Die Morgenmesse mit dem Bischof hat begonnen. Ein Muß für jeden Vierbergler. Jetzt sind sie wieder da, die Kreuzträger, mit ihren laubgeschmückten Hölzern. Wie Wächter stehen sie im Zentrum des heidnischen Umlaufs, damit der christliche Glaube nicht an den Rand gerät. Wir gehen weiter, noch ehe die Messe zu Ende ist, wollen ein Stück aufholen, damit wir nicht wieder bei den letzten sind.

Es dauert nicht lange, da hören wir ihn, den Vorbeter, der die Kreuzträger begleitet. Wichtigste Leitfigur in dieser Nacht. Sie scheinen sich abzuwechseln, und jetzt ist gerade ein Lehrling dran. Mit dünner Stimme und verunsichert versucht er, laut zu beten: »Vater unser, geheiligt werde

dein Name …« Seine Worte fließen so schnell, wie die Füße gehen können. Aber der Chefvorbeter ist nicht zufrieden. »Lauter«, verlangt er freundlich, aber bestimmt.
Und als es nicht klappt, übernimmt er wieder selbst das Kommando. »Vater unser …«, ertönt es, aber diesmal mit vollem Klang. Und schon sind sie an uns vorbei.
Am Straßenrand tauchen die ersten Kinder auf und wollen ihre Maut. Schon prall gefüllt sind die Körbe und Plastiktaschen mit Süßwaren, Maßstab für die Zahl der Wanderer, die schon vor uns vorübergekommen sind.
In Zweikirchen, einem Ort am Weg, verpassen wir fast das »Kreuzbusseln«, weil wir zu langsam sind. Nach alter Tradition kommt der Pfarrer den Vierberglern entgegen, und die Kreuze aus der Kirche und die der Pilger berühren einander. Plötzlich ist Gert wieder da.
»Ihr müßt hier eure Körner tauschen«, erklärt er und zeigt uns eine Schale vor der Kirche, in der Getreide liegt.
Er fotografiert uns dabei und gibt uns noch einen kundigen Rat.
»Und jetzt noch dreimal rund um die Kirche, das bringt Segen.«
Kurze Rast in einem der Wirtshäuser im Ort. Der erste Kaffee, am überfüllten Tisch Tuchfühlung mit Frauen und Männern, denen man den Genuß an der warmen Stube ansieht.
»Für mich ist es ein christlicher Brauch, egal was früher war«, sagt eine Wallfahrerin. »Wenn ich nicht mitgehe, habe ich so ein komisches Gefühl das ganze Jahr, als ob Gott mich nicht wirklich beschützt. Der Abstieg steht für die Hölle, das Hinaufsteigen auf die Berge symbolisiert den Weg in den Himmel. Vom Tod zur Auferstehung, darum geht es hier.«
Durch das Glantal über den Kulm nach Liemberg führt

Die Kreuzträger

uns jetzt unser Weg. Weit auseindergezogen wandert die Gruppe, die vorher so dicht gedrängt war. Überall am Rand der Felder Bauern mit Broten, Milch, Saft, Tee und anderen Köstlichkeiten. Wir eilen daran vorbei.

Viel zu schnell. Ich spüre meine Unfähigkeit, gut für mich zu sorgen. Unsere Gewohnheiten sind zu verschieden. Elke will nicht rasten, ich möchte immer wieder eine kleine Pause machen und auftanken für den langen Weg. Der Kompromiß, den wir schließen, tut mir nicht gut. Stumm und heimlich grollend schleppe ich mich über die steilen Grashügel des Kulms. Ich komme nicht auf die Idee, daß es besser wäre, meinen Bedürfnissen zu folgen. Mein Rükken beginnt zu schmerzen, untrügliches Zeichen für unbewältigte Seelenpein. Ich schweige. Erschöpft und trotzig beschließe ich, in Liemberg aufzugeben.

»Ich nehme mir ein Taxi und fahre ins Hotel zurück«, sage ich und schweige wieder.

An einer Wegkreuzung wartet ein Kleinbus mit deutschem Kennzeichen. Der Mann am Steuer beobachtet aufmerksam die Menschenmassen, die vorüberziehen, und wenn er einen aus seiner Reisegruppe erkennt, gibt's ein großes Hallo und die Frage, ob's noch weitergehen soll. Nein, möchte ich rufen. Nimm mich mit, ich habe die Nase voll. Keiner aus der deutschen Gruppe gibt auf.

Wenn die Versuchung auf dieser Wallfahrt einen Namen hat, dann heißt sie »Taxiunternehmen«. Überall stehen sie, strategisch gut postiert. Dort, wo einem die Füße schmerzen, weil es steil bergab oder bergauf geht, dort, wo der Schlaf einen einholt, warten sie und werfen begehrliche Blicke auf die Erschöpften. Manchmal steigt einer ein. Diesmal werde ich unter ihnen sein.

In Liemberg spüre ich, daß mir das Herz weh tut. Ich kann nicht einfach aufgeben. Ich will bei Elke und dieser anonymen und doch so vertrauten Gruppe bleiben. Ich habe in Hunderte gute, schöne Gesichter geschaut, mich mit Gleichgesinnten wohlgefühlt. Ich gehöre dazu.

Zum ersten Mal erfahre ich unter meinen Füßen diese magischen Schienen, von denen alte Vierbergler bei unserer Rast im Wirtshaus sprachen.

»Die Energie der Millionen von Menschen, die auf diesen Wegen schon gegangen sind, macht dich stark. Du wirst getragen und gezogen, und selbst die Müden und Kranken geben nicht auf. Und es gibt nur einen Tag im Jahr, an dem das möglich ist, an dem jeder noch so Untrainierte die Strapazen durchhalten kann. Das ist der Dreinagelfreitag.«

Ich bin mit mir, der Welt und Elke versöhnt. Aufstieg auf den Veitsberg.

»Das ist der schlimmste Berg, er ist so steil. Früher galt er als Totenberg, und die Menschen glaubten, daß man nur vorausschauen darf. Wer sich umsah, mußte noch im selben Jahr sterben«, sagt Gert, der vor der Kirche in Liemberg steht, als ob er auf uns gewartet hätte, und uns einen Schluck aus seiner Wasserflasche anbietet.

»Und oben, bei der ›Blutwiese‹, da haben, wenn es ein heißer Tag war, früher die Vierbergler Blut geschwitzt. Heute ist sie mit schattenspendenden Bäumen bewachsen.«

Plötzlich ein Rettungshubschrauber in der Luft, Sanitäter hasten an uns vorbei und tragen eine Bahre den schmalen Weg hinauf.

»Eine Frau ist tot umgefallen«, sagt einer, der von oben kommt.

Ohne Vorwarnung ist der Tod mitten unter uns. Mächtig und drohend. Ich spüre, daß ich dankbar bin, daß ich lebe, und gleichzeitig sitzt die Angst in meinem Nacken. Begegnung mit meiner Endlichkeit. Nach zehn Minuten kommen wir an die Stelle, wo die Frau inzwischen auf der Bahre liegt.

»Sie lebt«, sagt einer der Sanitäter. »Es war nur ein Kreislaufzusammenbruch. Sie hat sich übernommen.«

Die Erleichterung legt sich auf die Gesichter der Menschen, die schweigend dagestanden hatten, jeder mit seiner eigenen Todesangst konfrontiert.

Auf dem Veitsberg, der früher Gösseberg hieß, ist das Wünschen zu Hause. Die Bitte, die die Vierbergler mit auf ihren Weg nehmen und die, so will es die Sage, erfüllt wird, wenn man durchhält, wird mit einem Glockenschlag bekräftigt. In der kleinen Kirche ist der Altar nur an die Wand gemalt, dafür gibt es ein dickes Seil, mit dem man an der Glocke zieht. Geduldig stehen wir in der Reihe der Frommen oder Abergläubischen und wissen, daß auch wir hier nicht fortgehen dürfen, bevor der Wunsch nicht seinen Ausdruck im Klang gefunden hat.

Das letzte Brot aus dem Rucksack gegessen, ein Blick ins Tal und dann wieder, zum dritten Mal, hinunter über steile Hänge.

»Jetzt sind es nur noch drei Stunden«, sagt der Mann, der rückwärts den Berg hinuntergeht. »Probiert es aus, dann tun euch die Beine nicht so weh.«

Noch drei Stunden. Eine unvorstellbare Zeit. Lang ist es her, daß ich dachte, die schlimmsten Strapazen der Nachtwanderung seien überwunden. Jeder einzelne Muskel schreit nach Ruhe, ich bin nicht mehr müde, ich bin zutiefst erschöpft. Ich setze mich auf einen abgesägten Baumstamm und schmiere meine Füße mit Hirschtalg ein. Über die Socken streiche ich die dicke, grüne Salbe. Ich schaffe es nicht mehr, sie auszuziehen. Mir ist alles egal. Elke geht weiter.

»Ich kann mich nicht mehr setzen, sonst werde ich noch müder«, sagt sie entschuldigend.

Ich sehe ihren türkisen Anorak noch eine Weile zwischen den Tannen, dann ist sie verschwunden. Jetzt muß jeder seinen eigenen Weg finden.

Ich bin allein. Rechts und links, vor und hinter mir sind Wanderer, aber in der Verzweiflung, die mich überfallen hat, ist kein Raum für Gemeinsamkeit. Ich kann und will nicht aufgeben, aber gleichzeitig merke ich, daß mein untrainierter Organismus es einfach nicht mehr schafft. Hinlegen, sterben. Oder wenigstens ohnmächtig werden, damit sich jemand um mich kümmert.

Als im Tal ein Haus auftaucht mit Holzbänken und Plastikstühlen vor der Tür und Menschen, die Brote und Tee verkaufen, kann ich mich nicht mehr freuen. Ich schleppe mich mit letzter Kraft dorthin und merke, daß selbst mein Mund zu erschöpft ist, um zu sagen, was ich will. Ich zeige stumm auf Tee und Brot.

Wie lange ich mit geschlossenen Augen einfach dagesessen bin, weiß ich nicht. Die Stimmen der Vierbergler wechseln immer wieder, es ist ein Kommen und Gehen. Noch immer fliegen die Worte fröhlich hin und her, für manche scheint das alles ganz leicht zu sein.

Ich stehe auf. Einen Fuß vor den anderen gesetzt. Langsam und mit dem Kopf erzwungen. Nein, erbettelt.

»Bitte, laß mich nicht im Stich«, sage ich zu meinem Körper. »Wir haben bis hierher durchgehalten, wir müssen bis zum Schluß dabeisein.«

Zum ersten Mal verstehe ich, daß Menschen, die ein Ziel vor Augen haben, eher sterben würden, als aufzugeben.

Ich wandere an einem idyllischen Bachbett entlang. Und plötzlich fühle ich mich nicht mehr allein: Ich bin mit meinem Körper verbunden! Ich trete mit ihm, den ich so oft ignoriert habe und dessen Wohl mir bisher zu wenig am Herzen lag, in einen Dialog. Den Geist habe ich geschult, die Seele gepflegt. Von meinem Körper habe ich immer erwartet, daß er funktioniert. Unbedankt, ohne zu klagen. Jetzt, wo ich so sehr auf sein Wohlwollen angewiesen bin, wo er entscheiden wird, ob ich den Lorenziberg erreichen werde, ist er mir plötzlich nah. Ich habe das Gefühl, daß eine neue Freundschaft entsteht, in der ich ihn öfter fragen werde, was er braucht.

Kurz vor Sörg sind Elke und Gert wieder da. Und mit ihnen die Sörger. Vier ältere Frauen, echte Profis, denen man die Strapazen der Wallfahrt kaum ansieht, obwohl sie schon viel länger unterwegs sind.

»Unser Dorf ist dafür zuständig, daß sich der Kreis schließt. Wir wandern am Donnerstag nach dem ›Elfe-Läuten‹ von Sörg auf den Magdalensberg. Dort treffen wir auf die Gurker und die Mettnitztaler, die schon um neun Uhr weggegangen sind, und warten gemeinsam bis Mitternacht.«

Plötzlich schrumpfen unsere heroischen siebzehn Stunden und werden ziemlich klein. Eine andere Sörgerin kommt dazu und bietet uns aus einer kleinen Flasche Schnaps an.

»Benzin für die letzten Meter«, lacht sie.

Ich gleiche meinen Schritt der Gruppe an und merke, wie mich ihr Mut und ihre Fröhlichkeit anstecken.

»Jetzt nicht mehr hinsetzen«, warnt Elke in Sörg, als ich ein letztes Mal vor der Kirche rasten will. »Du wirst nicht mehr aufstehen können.«

Diesmal folge ich ihrem Rat, weil ich weiß, daß wir bald da sind. Nach siebzehn Stunden an einem Ziel, das ich mir nicht zugetraut hätte.

Gehen ist das nicht mehr, es ist mehr ein Kriechen, und am Ende, als die Asphaltstraße zur Kirche mit Menschen verstopft ist, kriechen wir tatsächlich: auf allen Vieren über einen steilen Grashang auf den Hügel hinter dem Kirchplatz.

Die Messe auf dem Lorenziberg hat schon begonnen. Über die Lautsprecher singt und spricht es fromm.

»Ich habe alle meine Sünden abgebüßt«, sage ich in alter christlicher Tradition zu Elke und lege mich einfach auf einen Holzstoß.

Ich bin ganz leer. Keine Freude, kein Triumph, nichts. Elke setzt sich neben mich, Tränen in den Augen.

»Es ist ein großer Augenblick, wir haben es geschafft!« Und langsam sickert es auch in mein Bewußtsein. Ich bin siebzehn Stunden einem alten Kultweg gefolgt. Mehr als fünfzig Kilometer. Ich habe gelitten, geflucht und mich dazwischen gefreut. Die Erschöpfung hat allen Stolz und allen Hochmut aus mir gebrannt. Ich bin froh, dankbar und demütig. Und jetzt erst spüre ich den Jubel in mir.

»Wir haben es geschafft!« schreie ich laut den Berg hinunter und falle Elke um den Hals.

Die Dimension der Anstrengung realisiere ich erst, als ich im Hotel in der Badewanne liege. Gereinigt. Innen und außen. Glücklich und wunschlos. In mein Gesicht und meinen Körper ist die Erschöpfung eingegraben. In diesem Augenblick bin ich überzeugt, daß ich in den nächsten Jahren wieder dabeisein werde. Zumindest so oft, bis mir ein Platz im Himmel sicher ist.

Von einer Pyramide im Wald und einem Schloß, in dem alte Seelen wohnen

Zuerst ist es ein Wald. Ein ganz gewöhnlicher Wald entlang einer Asphaltstraße, auf der, zwischen Krems und Zwettl, ein Wegweiser nach »Rastenberg« steht.

Dann kommt das Schild. Klein und unauffällig, so, als ob es kein Interesse hätte, die Augen der Menschen auf sich zu lenken. »Seminarhaus« sagt es und sonst nichts.

Ich fahre in den Feldweg, der links abzweigt. Es dauert eine Weile, bis mir auffällt, daß der Wald sich verändert hat. Findhorn, das spirituelle Zentrum in Schottland, kommt mir in den Sinn. So habe ich die Farben in Erinnerung. Genauso dicht und glänzend, die Pflanzen seltsam präsent, als ob der Glaube, daß die Natur ein lebendiger Organismus ist, sie dazu anregt, schöner und kraftvoller zu wachsen. In dem Dorf, eine halbe Stunde vom schottischen Inverness entfernt, sprechen die Gärtner mit jeder Blume, mit jeder Karotte und mit jedem Salatkopf. Und kein Gemüse gelangt in den Kopftopf, bevor ihm nicht gedankt wurde, daß es sich dem Kreislauf des Lebens zur Verfügung stellt.

Das nächste Schild sagt: »Seminarbetrieb, bitte nicht stören.«

Inzwischen bin ich zu Fuß unterwegs. Ein großes blaues Schild mit dem bekannten »P« hat mir schon ein paar hundert Meter vorher klargemacht, daß Autos ab hier nicht mehr erwünscht sind.

Der Weg wird noch schmaler, eine alte Kiefernallee läßt mich vermuten, daß ich bald am Ziel bin. Aber vorher soll ich mich noch dem Anlaß entsprechend benehmen. Wie eine Stopptafel erscheint links am Rand der Bäume eine weiße Fläche mit schwarzer Schrift: »Diese Anlage ist der Stille gewidmet. Achte sie, und finde einen Augenblick Heimat.«

Eigentlich bin ich allergisch gegen Regeln, wie sie überall in den Städten die Nutzung jedes Zentimeters Grün vorschreiben. Aber hier ist es anders. Ich empfinde die Aufforderung als Geschenk, meinen Zustand zu überprüfen. Plötzlich spüre ich mein Getriebensein und lasse meine Unruhe mit einem tiefen Atemzug zurück.

Durch die Bäume glitzert mir ein Teich entgegen, an dessen Rand die Pyramide auf mich wartet. Eine dicke, grauweiß getigerte Katze kommt auf mich zu und preßt sich eng an mein Bein. Sie ist an Besucher gewöhnt und nimmt die Liebe, die ihr offeriert wird, an, ohne sich zu zieren.

»Die Gräfin«, wie Christiane Thurn Valsassina von ihren Mitarbeitern genannt wird, ist noch beschäftigt, wurde mir am Telefon gesagt, aber ein Blick von außen auf das Seminarhaus sei erlaubt.

Ich bin erstaunt, daß sie so wenig streng, sondern eher gemütlich wirkt, diese berühmte Pyramide, von der die Sänger, gäbe es noch einen Hof im nahegelegenen Schloß, in höchsten Tönen berichtet hätten. Dem Haus, das der Architekt Graf Georg Thurn Valsassina nach geomantischen, astrologischen und spirituellen Grundsätzen auf seinem Schloßgelände erbaut hat, wird nachgesagt, daß es ein Platz sei, der so stark mit dem Kosmos verbunden ist, daß man sich wohlfühlt, ohne etwas Besonderes zu tun.

Ich höre Stimmen und folge ihnen hinters Haus. Die Pyramide paßt sich mit ihrer Holz- und Glaskonstruktion weich in die Landschaft ein. Es gibt keine harten Kanten, die sie dabei stören könnten, mit der Natur eins zu werden.

Vor mir öffnet sich jetzt ein schmaler Pfad mit Kieselsteinen. Vorbei an einem etwas erhöhten Platz, den ein riesengroßer, weißer Kristall schmückt, gehe ich auf eine Blockhütte zu, in der ein Jäger wohnen könnte.

Es ist Winter, die beiden Frauen, die vor der Türe stehen und sich intensiv unterhalten, haben sich in dicke Wollschals eingewickelt. Ich spüre, daß es ein tiefes Gespräch ist, und will mich unauffällig wieder entfernen. Zu spät.

Die ältere der beiden wendet sich mir zu und sagt mit einem freundlichen Lächeln: »Die Seminargäste haben gerade Mittagspause und essen hier. Kann ich Ihnen helfen?«

Ich sehe ihr Gesicht, und langsam steigt die Erinnerung an eine fast vergessene Begegnung vor mehr als fünfzehn Jahren auf. Ich wußte damals nicht, wer sie ist, aber ihr französischer Akzent, mit dem sie die deutsche Sprache mehr singt, als spricht, ist mir unvergeßlich geblieben.

Nun treffen sich zwei Frauen, die beide älter geworden sind und ihren eigenen Weg gefunden haben. Aus Christiane Thurn ist die anmutige Hüterin dieses Tempels geworden.

»Ich betrachte ihn nicht als meinen Besitz, es ist ein Ort, der allen gehört, und ich bin zutiefst dankbar, daß ich ihn nützen darf. Es macht mich jedes Mal glücklich, wenn ich vom Schloß hierher komme.«

Das Schloß, in dem sie mit ihrem Mann seit mehr als dreißig Jahren lebt, ist nur zehn Minuten von hier entfernt und stammt aus dem 12. Jahrhundert.

»Komm«, sagt sie, nachdem wir uns im Zeitraffer die wichtigsten Stationen unseres Lebens erzählt haben, »laß uns in den Seminarraum gehen.«

Sie sagt es mit einer aufgeregten Freude, fast wie ein Kind, das einen wunderschönen bunten Stein herzeigen will.

Das erste, was mir auffällt, ist tatsächlich so etwas wie ein bunter Stein. Er entpuppt sich nach ein paar Sekunden als blaue Glaskugel, die in einem Holzregal an der hinteren Wand der Pyramide liegt. Kaum hat sich mein Auge daran sattgesehen, werden alle meine Sinne überflutet. Das Regal ist vom Boden bis zur Decke mit wunderschönen Gegenständen gefüllt.

Muscheln, Steine, Musikinstrumente aller Art, Figuren und Kerzen in allen Formen und Farben. Großzügig wird den Besuchern das Vertrauen entgegengebracht, die Dinge achtsam zu behandeln. Es riecht köstlich nach Räucherstäbchen, und irgendwo schlägt jemand einen Gong.

Aber noch bleibt mir der Blick auf den Hauptteil der Pyramide versperrt. Eine bauchige Wand schützt das Zentrum gegen die Eingangstüre im Norden. An den Seiten öffnen sich Türen zu den Garderoben, den Toiletten und zu einer Teeküche.

»Hier sind die dienenden Räume«, sagt Christiane. »Das Betreten eines Gebäudes ist ein wichtiger Akt, denn die

Die Reise der Liebenden

Schwelle bedeutet eine Grenze zwischen zwei Welten. Der Besucher muß darauf vorbereitet werden.«

Der Architekt hat auch daran gedacht. Es gibt keinen Überfall auf das Auge. Langsam wird man an die Schönheit, die sich auftut, gewöhnt. Als nächstes kommt ein Raumausschnitt mit Holzsäulen ins Bild, und erst dann wird die ganze Schönheit des Seminarraums sichtbar. Alles hier ist Licht und Weite. Natur, Glas und Holz verschmelzen zu einer Einheit, in der das vom Menschen Erschaffene keine Wunde in der Landschaft hinterläßt. Im Gegenteil. Als ich an eine der großen Flügeltüren trete und auf den Teich hinausschaue, hinter dem der Wald beginnt, ahne ich, wie es sein könnte, wenn die Trennung zwischen Mensch und Natur aufgehoben wird. Es ist ein Gefühl von Freiheit und gleichzeitig Geborgenheit, obwohl der Raum groß und leer ist.

»Stell dich hier her«, sagt Christiane und deutet auf einen Platz, an dem in Einlegearbeit Füße in den Parkettboden gezeichnet sind, »und schau hinauf.«

Eine spitze Kuppel aus Glas ist alles, was mich von der Unendlichkeit trennt, und ich möchte mich hinlegen und nichts anderes tun, als in den Himmel schauen, der sich in graublaue Schattierung öffnet. Doch dafür bleibt mir jetzt keine Zeit, die ersten Seminarteilnehmerinnen betreten den Raum.

Ich habe genug gesehen und gespürt, um zu wissen, daß ich wiederkommen möchte.

Das war meine erste Begegnung mit diesem Kraftort, der von Menschenhand geschaffen wurde. Wieviele Male bin ich seither dagewesen? Ich weiß es nicht. Inzwischen leite ich hier Seminare, und wenn ich in der Pyramide im ersten Stock im Gästezimmer aus honigfarbenem Holz schlafe, dann habe ich das Gefühl, daß ich dem Himmel näher bin als sonst irgendwo.

Graf Georg Thurn Valsassina hat hier bewußt eine »Seelenabschußrampe« gebaut, »ein Haus als Antenne, als Verstärker für feinste kosmische und terrestrische Schwingungen.«

Er war schon immer von sakralen Gebäuden und ihrer besonderen Atmosphäre fasziniert und wollte das Gefühl von Frieden, Freiheit, Weite und Klarheit vermitteln.

»Ich glaube, daß wir auf Erden sind, um uns nach oben zu entwickeln«, sagt er und schenkt sich in einem der Wohnzimmer seines Schlosses, in das mich Christiane gebeten hat, noch eine Tasse Tee ein.

»Jeder lebende Organismus und folglich jede Zelle lebt in einer Eigenschwingung. Ein feingestimmter Ort wie die Pyramide regt diese Schwingung an und führt den Menschen dazu, intensiver wahrzunehmen. Man kann Ähnliches auch beim Besuch einer Kathedrale oder auf einem Berggipfel erleben. Etwas von diesem Glücksgefühl, das wir dann verspüren, hängt mit der Schnelligkeit, in der die Zellen schwingen, zusammen. Man kann das durch Meditieren erreichen, aber auch, indem man durch gezielte Architektur die Energie eines Raumes erhöht.«

Der Architekt fühlt sich der Tradition der alten Baumeister verbunden. Ihre Kunst geht auf die Templerritter zurück, die ihre Weisheit aus Jerusalem mitbrachten. Ihnen ging es darum, altes, spirituelles Wissen einzusetzen, um göttliche Harmonie auf die Erde zu bringen.

Und wie steht es mit der Harmonie im Schloß?

Düstere Hallen habe ich durchschritten, ausgestopfte Tierköpfe, kunstvoll konserviert, haben mich angestarrt, dicke Wände umfangen mich, die der Sonnenwärme nicht einmal im Hochsommer eine Chance geben. Die Menschen, die hier vor Jahrhunderten gelebt haben, schauen mich mit wissenden und melancholischen Augen aus ihren Bilderrahmen an.

Die Gräfin nimmt mich nach dem Tee mit in ihr kleines Büro. Hier ist ihre kreative Werkstatt, in der sie unter dem Namen Christiane Singer unermüdlich schreibt. Nach den riesigen Hallen wirkt der Raum angenehm wohnlich. Im Kamin brennt ein wärmendes Feuer.

»Hier ist der einzige Platz, an dem ich mich mühelos wohlfühlen kann.«

Sie schenkt mir ein Buch, es heißt »Rastenberg«, und ich lese noch am selben Abend die ersten Sätze.

»Das Haus, in dem ich wohne, hat mir nie das Recht gegeben, es ›mein Haus‹ zu nennen, wenn ich von ihm spreche. Ich nenne es bei seinem Namen: Rastenberg. Es hat sich jede Vertraulichkeit entschieden verbeten, und in diesem Sinn war und ist es auch heute noch meine auf Distanz bedachte Herrin.«

»In einer Burg wirst du entweder zermalmt oder von der Masse der Steine in deine Tiefe gestoßen«, sagt Christiane am nächsten Morgen, als wir uns wiedersehen. »Es ist ein Kraftort und ein Machtort. Man kann diesem ganzen Elend, das im Gedächtnis des Granit gespeichert ist, nur mit Liebe begegnen. Indem wir hier sind und versuchen, ein helles Leben zu führen, bringen wir Erlösung in diese alten Mauern. Dann geschieht das Wunder, daß die schwere Materie durchgeistigt wird, daß nicht der Tod das letzte Wort hat, sondern das Leben, das hier schwingt.«

Einfach hat sie es dennoch nicht.

»Es ist schwer, sich hier geborgen zu fühlen. Ich habe immer von einem eigenen, sicheren Haus geträumt. Diese Burg spuckt einen immer wieder aus, von Tag zu Tag. Ich komme von einer Reise zurück und muß sie wieder neu

Die Hüter des Platzes

erobern, weil ich spüre, daß sie sich hinter meinem Rücken schon wieder geschlossen hat, wie eine Wunde. Diese Mauern spiegeln mir ständig die Wirklichkeit, daß wir auf Erden nur Passanten sind, Gäste. Hier schaffst du diese Täuschung nicht, dich in Sicherheit zu fühlen. Hier gibt es Schatten und Licht, Gewalt und Gnade.«

Das Licht im Inneren und im Äußeren ist ständig Thema hier im Schloß. Kein Wunder, daß die Pyramide den Namen »Die Lichtung« trägt, und das nicht nur, weil sie auf einer Waldlichtung erbaut wurde.

»Das Bedürfnis, einen Kontrapunkt zu schaffen, eine helle Gegenburg zu bauen, war stark. Wir spüren, daß sie uns die Kraft gibt, im Augenblick zu verweilen, im Wissen, daß wir jeden Tag neu anfangen können. Denn hier entkommen wir am besten der uns aufgezwungenen Realität. Seit achthundert Jahren leben hier Männer und Frauen, streiten, lieben, leiden, feiern, hassen, gebären und sterben. Wie

sollten diese Mauern nicht getränkt sein von ihren Leiden-
schaften?«

Wer hierher kommt, ist nicht nur Gast an einem ungewöhnlichen Ort, an dem Licht und Schatten zusammen-
gehören. Er ist auch Gast in den Wäldern der Umgebung,
die zum Schloß gehören. Kilometerweit begegne ich keinem Menschen, hier sind die Tiere die wichtigsten Begleiter. Die Schafe laufen vertrauensvoll zum Zaun, wenn man
vorübergeht, und die Rehe sind nicht nur Rehe, sondern
Zeichen der Natur.

»Hier lernen die kleinen Schwalben fliegen. Weil ihre Eltern
ein Energiefeld aufspannen, indem sie sich so sicher fühlen,
daß sie sich einfach aus dem Nest stürzen«, sagt Christiane.

Diesmal bin ich mit meinem weisen alten Lehrer Paul
Rebillot aus San Francisco hierhergekommen, um wieder
eine seiner berühmten mythologischen Reisen zu erleben.
Es ist später Abend, die Teilnehmer werden erst morgen
anreisen, Paul und ich haben es uns in der Pyramide bequem gemacht.

»Paul, erzähle mir etwas von Lovers Journey«, bitte ich
ihn, so wie ich früher meine Großmutter gebeten habe, mir
eine Gutenachtgeschichte zu erzählen.

»Die Reise der Liebenden fängt dort an, wo viele Beziehungen anfangen: Es waren einmal eine Frau und ein
Mann. Sie sahen einander auf einer Party, und der große
Raum, in dem das Fest stattfand, lag zwischen ihnen. Sie
fühlten sich magisch voneinander angezogen, und als sie
sich auf der Tanzfläche in der Mitte trafen, war es um sie
geschehen. Noch in dieser Nacht gingen sie Hand in Hand
nach Hause. Sie wurden ein Paar und fingen ein neues
Leben an, in dem jeder sich bemühte, so zu sein, wie der
andere ihn gerne wollte.

Die Frau zum Beispiel hatte, bevor sie den Mann traf, grüne Kleider über alles geliebt. Sie besaß ein hellgrünes, ein dunkelgrünes, ein grünblau schillerndes. Er aber mochte kein Grün, und so hörte sie nach kurzer Zeit auf, diese Farbe zu tragen. Sie warf die Kleider nicht weg, aber sie hängte sie ganz hinten in den Kleiderschrank.

Der Mann wiederum war immer ein bißchen unpünktlich gewesen. Als er merkte, daß die Frau sein Zuspätkommen haßte, strengte er sich unendlich an und schaffte es tatsächlich, immer auf die Minute pünktlich im Restaurant zu erscheinen. So ging das einige Zeit.

Eines Tages sah die Frau in einem Schaufenster das schönste grüne Kleid, daß sie je gesehen hatte. Sie stand lange davor, wie ein Kind kurz vor Weihnachten, überwältigt von wunderschönem Spielzeug. Sie zögerte eine Weile, aber die Sehnsucht war stärker. Wie unter einem Zwang betrat sie den Laden und kaufte das Kleid. Sie drehte und wendete sich vor dem Spiegel und war unendlich glücklich. Endlich wieder ein grünes Kleid.

Sie beschloß, es am Abend bei ihrer Verabredung zu tragen. Der Mann saß an jenem Tag am Computer und arbeitete an einem Projekt. Es war so spannend, daß er den Wecker, den er sich immer stellte, damit er pünktlich sein konnte, nicht wahrnahm.

Die Frau wartete schon ungeduldig in ihrem grünen Kleid im Restaurant, als der Mann mit einer halben Stunde Verspätung endlich ankam.

Sie saßen einander gegenüber und schwiegen lange.

Als sie dann sprachen, sagte sie: ›Du bist nicht mehr der Mann, in den ich mich verliebt habe.‹

Und er sagte: ›Und du bist nicht mehr die Frau, in die ich mich verliebt habe.‹«

Paul schwieg lange, und in der Stille dieser Pause zog mein

Leben an mir vorbei. Wie oft war ich die Frau im grünen Kleid gewesen und habe meine Kleider verschenkt oder ganz hinten in den Schrank gehängt.

»An diesen Punkt gelangen fast alle Paare«, fährt Paul fort. »Viele trennen sich dann, weil sie nicht verstehen, daß jetzt erst die echte Liebe möglich ist. Was sie bisher im anderen gesehen hatten, war die Projektion ihrer eigenen Wünsche. Jeder der beiden hat sich bemüht, dem Bild des anderen zu entsprechen. Wer wirklich liebt, akzeptiert den Menschen, mit dem er sein Leben verbringen will, so wie er ist. Mit dem grünen Kleid, mit der Unpünktlichkeit, mit allem, was zu ihm gehört. Dann können sich Dinge vielleicht ändern. Aber man kann den anderen nicht zwingen, Teile, die zu ihm gehören, zu unterdrücken.«

Auf dem gläsernen Dach der Pyramide liegt dunkel der Nachthimmel, als ich meine letzte Frage stelle.

»Kannst du mir etwas über Kraftplätze erzählen?«

»Für mich sind die wichtigsten Orte der Kraft immer im Inneren der Menschen zu finden. Meine mythologischen Reisen sind darauf ausgerichtet, dieses Potential zu stärken. Ohne diese Arbeit an dir selbst wird jeder Platz im Äußeren, sei er noch so stark, wirkungslos.«

Christiane Thurn sieht es nicht anders.

»Die Verwandlung eines Lebens geschieht im Herzen der Menschen und nicht draußen. Und trotzdem gibt es Orte, wo das Davonlaufen vor sich selbst schwieriger wird, wo die Sehnsucht nach Wahrhaftigkeit steigt und wie ein Feuer brennt. An solchen Orten ist man, ob man will oder nicht, mit seiner eigenen Seele verabredet.«

Von Schleichpfaden für die unterdrückte Stadtseele

Regen und Wind peitschen das Wasser im Teich der Barockanlage. Noch ist es zu früh für die Touristen. Sie werden um neun Uhr mit großen Bussen im Hotel abgeholt und überschwemmen erst später das Schloß Belvedere, eine der wichtigsten Sehenswürdigkeiten von Wien. Ein paar unentwegte Jogger ziehen ihre Runden auf dem Asphalt, hier darf niemand den Rasen betreten. Ich sehe die Gruppe am oberen Eingang in der Nähe des Südbahnhofs und weiß, daß ich falsch angezogen bin. Mein bodenlanger Lackregenmantel und mein Schirm wirken plötzlich lächerlich.

Zwei Frauen mit Rucksäcken gehen in dieselbe Richtung. Sie grüßen mich freundlich und erlauben mir ohne Worte, mich in ihrem Schutz der Gruppe zu nähern, zu der sie ganz offensichtlich gehören.

Mindestens siebzig sind gekommen, um einen ganzen Tag durch die Stadt zu wandern, eine erstaunliche Anzahl bei dieser Witterung. Ich sehe mich nach Marko Pogačnik um, dem wohl bekanntesten Geomanten und Landschaftsheiler Europas. Wer von diesen Männern in roten, blauen und grauen Jacken oder Regenmänteln mit Kapuze könnte es sein?

In diesem Augenblick kommt er. Der Mann, der unauffällig und gleichzeitig unglaublich präsent die Schloßanlage betritt, braucht sich nicht wichtig zu machen. Seine Ausstrahlung macht ihn sofort zum Mittelpunkt. Die Menschen hören auf ihn, ohne daß seine Stimme laut werden muß. Ich weiß aus seiner Biographie, daß er Slowene ist, aber sehr gut Deutsch und Englisch spricht.

»Wollen wir gleich anfangen«, sagt er und lächelt freundlich in die Runde.

Während er noch ein paar Menschen begrüßt, die ihm vertraut sind, geht hinter seinem Rücken vor dem barocken Eingangstor eine Bustüre auf. Die ersten Besucher strömen herein. Selbstsicher, besitzergreifend.

Für einen Augenblick vermischen sich Erdheiler und Touristen zu einem Ganzen. Bunte Schirme überdachen Kapuzenköpfe, Stoffmäntel reiben sich im Gewühl an Gummi- und Plastikumhängen.

Marko baut die Begegnung sofort in seine Eröffnungsrede ein: »Wir sind keine Touristen, wir sind auf einem Pilgerweg, um den Pfaden der Seele von Wien zu folgen. Meine Idee wäre es, Pilger- und Touristenreisen zu verbinden. Die Menschen, die diese Stadt besuchen, sollten eine Chance bekommen, sie in ihrer Tiefe kennenzulernen. Sie nehmen diese Grünanlagen in Besitz, in denen die Natur achtlos für das Vergnügen ihres Auges gezähmt wird, und wissen nicht, was das bedeutet. Jeder Ort hat seine eigene Identität, sein eigenes Innenleben. An einem Platz wie diesem muß seine Seele ums Überleben kämpfen, weil es kaum Raum für sie gibt. Sie braucht ihre Stützpunkte, an denen sie atmen kann. Oft sind das Grünanlagen. Wenn wir es schaffen, einen ›vertieften Tourismus‹ zu entwickeln, dann könnten die Besucher die Gärten und Paläste bewundern und gleichzeitig in einen Austausch mit der Seele treten. Der Ort würde durch diese liebevolle und bewußte Aufmerksamkeit unterstützt. Sein Geschenk dafür sind Erfahrungen, die den Menschen auf ihrem Weg der Selbsterkenntnis helfen.«

Touristen aus aller Welt auf den Spuren des Feinstofflichen, ein Gedanke, der so neu und ungewöhnlich ist, daß es vielleicht noch eine Weile dauern wird, bis die Manager der Fremdenverkehrsorte darauf eingehen werden.

Die Touristen sind längst weitergegangen, wir stehen immer noch am Rand eines gepflegten Rasens, und Marko erzählt inzwischen von der Weltenseele, die sich in unzählige einzelne Wesen aufteilt. Eines davon ist das Wesen dieser Stadt, das wir an unserem »Seelenwandertag« besser kennenlernen sollen.

Er weiß, wovon er spricht. Die Geomantie als ganzheitlicher Zugang zu den unsichtbaren Dimensionen der Erde ist seit Jahrzehnten sein Lebensinhalt. Er hat sich in Berlin, Köln, Bern, Venedig, Brasilia, New York und unzähligen anderen Städten der Welt engagiert, Landschaftsverletzungen zu heilen, die durch zu dichte oder falsche Verbauung entstanden sind.

Was in den Großstädten Europas geschieht, wenn die Bedürfnisse der Erde, unserer Partnerin, außer acht gelassen werden, ist alarmierend.

Heute ist der Erdheiler in Wien, und seine ganze Aufmerksamkeit gilt diesem Ort und seinen unsichtbaren Bewohnern.

»Wir werden in den nächsten Stunden die Schleichwege der Stadtseele kennenlernen, diese Plätze, an denen sie auftaucht, um zu atmen«, erklärt Marko und zieht über seinen grünen Trenchcoat eine Regenpellerine.

Er deutet auf eine einzelne Linde, die ein paar Meter neben unserem Treffpunkt steht.

»Wir sind schon bei unserer ersten Station angelangt, denn jeder Baum in der Natur hat eine Funktion. Hier ist eine der Akupunkturstellen, an denen die Seele atmet. Sie ist sehr belastet, laßt uns ein Reinigungsritual gestalten.«

Die Menschen, mit denen ich meinen Tag verbringen werde, sind offenbar Eingeweihte. Niemand stellt Fragen, jede und jeder scheint zu wissen, worum es geht. Ich gehöre dazu, indem ich dabeibin – trotz Lackregenmantel.

Als wir vom Asphalt auf den Rasen rund um die Linde treten und uns in konzentrischen Kreisen aufstellen, ist allen klar, daß wahrscheinlich sofort ein Wärter kommen wird, um uns zu verjagen.

Marko lächelt: »Habt ihr Angst? Wir bauen einen Schutzmantel um uns auf, damit uns niemand sehen kann.«

Es regnet noch immer. Ich habe den Schirm eingesteckt, von meinen Haaren tropft Wasser in den Mantelkragen.

»Schließ deine Augen, und stell dir vor, daß du wie ein Baum mit deinen Ästen den Himmel berührst«, sagt Marko in perfektem Deutsch mit der Klangfarbe seiner Heimatsprache. »Und jetzt löse dich ein Stück vom Boden, und halte dich mit deinen Astspitzen am Himmel fest. So als ob du sicher an einem Fallschirm hängst. Dann laß deine Wurzeln ganz tief in den Boden hineinreichen, und spüre die Verbindung zwischen Himmel und Erde. Fühle den Punkt in deinem Körper, der für dich die Mitte ist, die Balance zwischen den beiden.«

Es ist ganz still in unserer Runde. Ich spüre, wie meine Füße sich in den Schuhen entspannen und breiter werden. Hinter uns höre ich die nächste Touristengruppe vorübergehen. Ihr Reiseführer hält einen Vortrag über barocke Architektur. Neugierige Blicke berühren meinen Rücken, sie stören mich nicht. Ich bin in dem Energiefeld, das wir aufgebaut haben, gut aufgehoben.

»Wenn ihr Rituale für die Erde gestaltet«, sagt Marko, als wir die Augen wieder öffnen, »dann denkt daran, euch vorher mit dem Kosmos zu verbinden. Wir kommen alle aus einem Leben voller Unruhe. Die Anbindung an das Göttliche ist wichtig. Ich nenne es absichtlich nicht Gott, sondern bleibe neutral. Denn in unserem patriarchalischen Bild geht die weibliche Göttlichkeit unter.«

Die Frauen, aber auch einige Männer nicken.

»Laßt uns jetzt gemeinsam singen. Früher habe ich an belasteten Punkten in der Natur immer Akupunktursteine gesetzt, inzwischen weiß ich, daß Gruppengesang genauso heilsam ist. Ideal wäre beides gleichzeitig. Ihr braucht keinem musikalischen Skript zu folgen. Erlaubt euch, die Tonhöhe, die Variation der Töne und die Intervalle selbst zu finden. Spürt jetzt den Schmerz der Stadtseele, und gebt ihm mit eurer Stimme Ausdruck. Wir gehen zuerst durch den Schatten und von dort zum Licht.«

Das Summen der einzelnen schwillt zu einem Chor an, aus dem immer wieder Stöhnen und Schluchzen herausklingen. Mein Brustkorb wird eng. Die Schultern schmerzen, als ob ich die ganze Last der eingesperrten Stadtseele zu tragen hätte. Wasser rinnt über unsere Gesichter, die wir nach oben wenden, niemand nimmt Notiz davon. Die Seele von Wien scheint mit siebzig Stimmen zu jammern und zu klagen, um dann, nach einer langen Weile, in ein Jubeln überzugehen.

Marko löst die Kreise, in denen wir uns an den Händen gehalten haben, nach einem kurzen Schweigen wieder auf.

»Wir haben heute neun Stützpunkte zu reinigen, laßt uns weitergehen.«

Er steht schon auf den Stufen der Prunktreppe vor dem Belvedere, als die letzten noch langsam am Teich vorbei Richtung Hauptgebäude schlendern.

»Hier ist ein wichtiger Energiepunkt dieser Anlage. Die Kaiser und Könige in ganz Europa hatten immer Alchimisten und Geomanten, die ihre Pläne zeichneten. Es ist kein Zufall, daß viele Prunkbauten und Kirchen auf Kraftplätzen stehen. Auch die Symbole sind ganz gezielt eingesetzt worden. Seht hier diese Figur, der Mann zähmt das Pferd, das steht für Intelligenz und Bewußtsein. Und hier nebenan«, er zeigt auf eine Sphinx, auf deren Rücken ein Kind sitzt, »haben wir Symbole der Seele. Das Kind bedeutet den Kontakt mit der Ewigkeit, die Sphinx steht für den weiblichen Aspekt, für die Kraft der Intuition. Der Verstand darf nie alleine herrschen. Es ist das Gleichgewicht, um das es jetzt für die Erde geht.«

Ein Teilnehmer will wissen, ob die Prunkbauten denn nicht auch etwas Schönes, Erhebendes hätten.

»Natürlich, aber da steht auch viel Macht dahinter. Dadurch wird die Seele unterdrückt. Niemand spricht sie an, niemand sieht sie. Eingezwängt in die Nutzung, wird sie nicht geachtet. Wenn ich den Tourismus vertiefe, dann würde ich die Menschen an diesen Platz hier führen und sie die Lichtkugel spüren lassen, die sich zwischen den beiden Skulpturen gebildet hat.«

Hinter dem Schloß fällt das Gelände in kunstvoll angelegten Terrassen Richtung Stadt. Immer wieder sind in die Steine am Weg Symbole eingeritzt, die mir bisher noch nie aufgefallen waren. Sogar an Baumgeister haben die Menschen damals schon geglaubt und Baumkronen, aus deren Mitte ein Gesicht lacht, dargestellt.

Der Brunnen in einer künstlich angelegten Grotte am Weg bietet der Seele wieder einen Stützpunkt. Hier ist gut ausruhen. Auch für Menschen, die durch die Vielfalt der Barockanlage ermüdet sind.

Später, schon fast am Ausgang des Parks, macht uns Marko auf ein Labyrinth aus Büschen aufmerksam. Zwischen ihnen tiefe Mulden mit einer simplen Grasdecke, die die Erde schützt. Kein Blumenschmuck, keine anderen Pflanzen. Hier ist das Unbewußte zu Hause.

Marko fordert uns auf, uns ein dünnes Rohr vorzustellen, durch das wir ganz vorsichtig ausatmen.

»Und dann versucht, beim Einatmen die Weltenseele zu spüren. Sie ist überall, wie ein feiner Hauch. Gleichzeitig kommt ihr in Kontakt mit der seelischen Ebene der Schloßanlage.«

Als ich meine Augen wieder öffne, stehen siebzig Menschen noch immer mit geschlossenen Augen im Gelände verteilt, so ruhig, als wären sie Skulpturen, die zum Schloß gehören. Jede und jeder versucht nach den eigenen Möglichkeiten, den Kontakt mit diesem Wesen herzustellen, auf dessen Spuren wir wandern.

Der Schwarzenbergplatz ist nur wenige Minuten vom Belvedere entfernt. Ein riesiges, russisches Kriegerdenkmal und ein Springbrunnen teilen sich die Aufmerksamkeit der Besucher. Auf dem Weg dorthin gibt es nur asphaltierte Straßen und wuchtige Gebäude.

»Es ist für die Seele nicht einfach, die Stadtlandschaft zu durchdringen. Sie kommt von oben und von unten und versucht immer wieder aufs Neue durchgehende Verbindungen zu schaffen. Auf diesem Platz kommt sie wieder an die Oberfläche, weil hier die Elementarwesen wohnen. Es gibt nicht viele Orte, wo man in Städten die Wasser-, Feuer- und Luftgeister gemeinsam erleben kann.«

Die Wasserfontänen, die mit künstlicher Kraft hoch in den Himmel sprühen, haben für eine Weile keine Konkurrenz mehr. Es hat aufgehört zu regnen. Am Kriegerdenkmal läßt sich ein schwarzer Vogel auf dem Helm eines Soldaten nieder und schaut neugierig zu uns herunter.

»Seht ihr die schwarze Taube? Nach unserem Ritual muß sie weiß sein. Der Platz braucht viel Heilung. Man hätte dieses Denkmal nicht so nahe bei den Feuergeistern, die in den Büschen leben, bauen dürfen. Das ist gefährlich. Es

ruft immer wieder neu die Erinnerung an Aggression und Kriegsfeuer hervor. Jeder Krieg ist für die Seele der Stadt eine tiefe Verwundung. Die Menschen vergessen relativ bald das Grauen, die Stadtseele vergißt es nicht. Sie wurde bis in die untersten Schichten ihres Seins erschüttert. Holt euch jetzt das Bild eines Krieges vor eure Augen, und schenkt diesem Platz eine symbolische Träne.«

Es ist ganz schön anstrengend, eine Stadtseele zu pflegen, und langsam werden banale Bedürfnisse laut.

»Gibt es bei euch einen Toilettenführer«, fragt neben mir eine Frau aus Deutschland und löst damit eine Diskussion über die mangelnden Bedürfnisanstalten aus.

Ein Biologe findet den Augenblick passend, um über sein Lieblingsthema, die Biotoilette, zu sprechen. Er appelliert an die Umstehenden, ihre Scheiße in Zukunft nicht mit Quellwasser zu entsorgen.

Für die meisten ist allerdings nicht die Nahrungsentsorgung, sondern die Zufuhr ein Thema, und Marko ruft eine Pause aus. Der nächste Treffpunkt wird dann am Karlsplatz sein, der nach der gleichnamigen Kirche benannt wurde.

Der Komponist Brahms, in Stein gehauen, schaut schwergewichtig und melancholisch auf uns herunter. Er scheint sich hinter den Eiben und Platanen vor der dominanten Kirche zu verstecken, die mächtig im Hintergrund steht. Hier ist der Ort, sagt unser Reiseleiter, an dem ein Landschaftsengel wohnt.

»Engel können auf zwei verschiedene Arten gerufen werden. Die eine ist eine Bewegung wie eine liegende Acht. Bei der anderen stellt ihr euch vor, daß sich euer Körper in einen weißen Kristall verwandelt.«

Eine Kirchenglocke läutet, als ob sie sagen wollte: Friede sei mit euch, wir akzeptieren auch diesen Zugang zu Gott.

Kein Engel spricht zu mir, aber ich spüre die ruhige Energie und höre gerne zu, als die anderen in der Gruppe von ihren Erlebnissen erzählen. Von riesigen Schwingen, die wie ein Windhauch Bewegung in die Luft gebracht haben, ist die Rede. Von Glücksgefühlen, aber auch von Trauer. Jeder findet seine eigene Möglichkeit der Resonanz.

Vor der Oper, an der wir auf dem Weg in den Stadtpark vorbeikommen, stehen fein gekleidete Menschen und warten darauf, daß die Nachmittagsvorstellung beginnt. Wieder vermischen sich für einen Augenblick die Welten. Schwarze Anzüge und Seidenkleider, Jeans und Wanderhosen, Jacken um den Bauch gebunden, weil inzwischen die Sonne scheint.

Eine Dame im kleinen Schwarzen sagt: »Das ist wohl ein Ausflug der deutschen Grünen.«

Und ihr Tonfall verrät, daß es nicht als Kompliment gedacht ist.

Im Burggarten genießen die Menschen den sonnigen Nachmittag. Die Schirme vor dem alten Palmenhaus aus Glas, das zum Restaurant umgebaut wurde, dienen jetzt wieder dem Sonnenschutz. Wir versammeln uns auf der Liegewiese zwischen Hofburg und Ringstraße und mischen uns unter Liebespaare und Erholungsuchende.

»Eine Stadt ist wie eine fast undurchdringliche Decke über der Seele. Was ihr hier wieder erlebt, sind Atemlöcher. Die Landschaft kämpft darum, lebendig zu bleiben, das braucht sie, um überleben zu können. Wir müssen die Städteplaner davon überzeugen, daß das wichtig ist. Diese Wiese ist eine Lichtinsel. Hier ist die zukünftige Qualität der Erde schon sichtbar. Für die Stadtseele ist sie wie eine Arche Noah. Alles, was wesentlich ist, ist hier versammelt. Spürt, wie angenehm die Energie sich anfühlt. Ich habe sie die Feenwiese genannt.«

Meine Müdigkeit kommt wie ein Überfall. Ich kann dem Drang nicht widerstehen, mich ein Stück von der Gruppe zu entfernen und mich einfach auf die Erde zu legen. Das Gras dampft noch vom Regen. Ich ruhe mich auf meinem langen Mantel aus und spüre die Feuchtigkeit nicht. In der Ferne höre ich, daß Marko eine Wahrnehmungsübung empfiehlt.

Ich weiß nicht, wie lange ich geschlafen habe, aber es war ein tiefer, herrlicher Schlaf, so als ob wirklich Feen über mich gewacht hätten.

Die Frau, die mich weckt, schaut mir lächelnd ins Gesicht: »Ich war nicht sicher, ob ich deine Meditation stören darf, aber wir gehen jetzt weiter.«

Die Kaiserin Maria Theresia war eine mächtige Frau. Und genauso ist sie auf dem Platz zwischen dem Kunsthistorischen und dem Naturhistorischen Museum dargestellt. Breithüftig, breitschenkelig, in der linken Hand das Zepter, die rechte Hand weit ausholend zum Gruß an ihr Volk erhoben, so sitzt sie auf ihrem Thron.

Wir lagern im Gras zu Füßen der Kaiserin, die Österreich zu einem einheitlichen, modernen Staat geführt hat. Christoph, von der Wiener Geomantiegruppe, erzählt von der Tiefgarage, die auf diesem Platz entstehen wird. Die Sorge um das Energiezentrum, den Solarplexus der Stadt, der sich genau hier befindet, macht die Gesichter ernst.

Er berichtet von der Bitte an den Bürgermeister, die Gruppe in die Planung einzubeziehen, damit der größte Schaden verhindert werden kann. Ich habe Mühe, meine Skepsis zu verbergen. Wann haben sich je Politiker um die Verbauung von Kraftorten gekümmert? Marko hat allerdings eine Lösung gefunden, die nicht unbedingt das Wohlwollen der Stadtplaner voraussetzt.

»Ich war schon am Freitag hier und habe den Platz gefragt,

Reinigungsritual für die Großstadt

was er will. Die Antwort war überraschend. Ich sah einen
Schweif aus Licht, der sich über den Ring auf die andere
Straßenseite hinüber bewegte. Ich folgte ihm und fand eine
Wiese auf dem Heldenplatz. Das Energiezentrum hat an-
geboten, dort zu bleiben, wo es jetzt ist. Aber nicht mehr
auf dem Boden, sondern freischwebend in der Luft. Ver-
ankert auf dieser Wiese in der Nähe.«
Die Geomantiegruppe wünscht sich ein Ritual, das die
Wesenheiten unterstützen soll, diesen Transfer leichter zu
vollziehen, denn die Elementarwesen brauchen unbedingt
Hilfe. Ich frage nicht mehr, welche Elementarwesen hier
wohnen und was genau das ist, mein Speicher ist schon voll
von ungewöhnlichen Informationen.
Die Hälfte der Gruppe bleibt bei Maria Theresia, die
anderen begeben sich auf den Heldenplatz, der so eng mit
Österreichs Geschichte verknüpft ist. Hier haben in der
Hofburg die Kaiser und Könige residiert, hier haben die

Menschen Hitler begrüßt, hier wurde die negative Vergangenheit in einem Lichtermeer gegen die Ausländerfeindlichkeit geheilt.

Nach unserem Ritual für die Verankerung des Energiekörpers auf dem Heldenplatz rasen Rettung und Polizei mit eingeschaltetem Alarm an uns vorbei. Die Stadtheiler tanzen im Kreis, umarmen einander und schließen mich mit ein.

»Wir haben es geschafft, wir haben es geschafft, diese starke Reaktion ist ein gutes Zeichen.«

Abschied von Maria Theresia.

»Hinter diesem Monument«, sagt Marko, »findet sich eine riesige Kraftsäule, von der Energie vom Kosmos zur Erde fließt. Nicht weit von hier, auf dem Platz zwischen Rathaus und Parlament, trifft sie ihren Kontrapunkt und gleichzeitig ihre Ergänzung. Die beiden Säulen sind miteinander verknüpft, denn dort fließt die Energie von der Erde zum Kosmos. Laßt uns hingehen. Es ist ein sensibler Platz, die Struktur der Stadt hat ihn sehr belastet. Er kann Heilung brauchen.«

Der Duft von Jasmin vermischt sich mit dem Duft der Lindenblüten, als wir im Rathauspark ankommen.

»Mir geht das Herz auf«, sagt die Frau, die neben mir geht. »Ich kann die Verbindung zwischen diesen beiden Säulen ganz intensiv spüren. Die Qualität hier ist zutiefst weich und weiblich.«

Mein Spürsinn ist nach dem langen Tag und der intensiven Aufmerksamkeit schon etwas erschöpft. Ich setze mich dankbar auf eine Bank, als Marko wieder zu sprechen beginnt, und spüre Zufriedenheit über die neue Welt, die sich für mich geöffnet hat. Aber nur kurz, denn wenige Sekunden später fühle ich mich ertappt.

»Wenn ich in meinen Workshops die Wahrnehmung der

unsichtbaren Realität lehre, dann bemerke ich von Zeit zu Zeit, daß Menschen ihre Zweifel dazu benützen, um diese Wahrnehmung abzutöten. Sie tun das, weil ihr Geist Angst hat, die Kontrolle über ihre Erlebnisse zu verlieren. Wir haben gelernt, einer ›unorthodoxen‹ Erfahrung in dem Augenblick zu mißtrauen, in dem sie unser Bewußtsein erreicht.«

Es geht um das Vertrauen, denke ich mir, daran zu glauben, daß wir Menschen ein natürliches Potential haben, uns andere Dimensionen zu erschließen.

Am Ende dieser Reise durch die Musikstadt Wien besuchen wir die beiden Geiger und Komponisten Johann Strauß und Josef Lanner, die an der Südseite des Parks vereint in Bronze stehen, obwohl sie im echten Leben zerstritten waren. Sie haben den Walzer zum beliebtesten Tanz Europas gemacht und lächeln an uns vorbei dem Rathaus zu, als ob sie den Stadtvätern und Stadtmüttern sagen wollten, daß mit Musik alles leichter geht.

Wir singen ein letztes Mal. Manfred, der Fotograf, der inzwischen zu uns gestoßen ist, zeigt sich tief beeindruckt.

»Wie lange habt ihr miteinander geübt, das klingt ja wunderschön, wie ein professioneller Chor.«

»Wir üben nicht, wir stimmen uns nur aufeinander und auf den Platz ein«, antwortet Christoph.

»Alles Walzer«, sagt jemand, bevor der Abschied uns zu sehr anrührt.

Marko lacht: »Das ist schön, der Walzer ist ein kosmischer Tanz. Er wird der Stadt helfen, in ihre wahre seelische Qualität hineinzutanzen.«

Von Elfen, die in Blumentöpfen wohnen, und sprechenden Wäldern

Ich öffne Andrea meine Wohnungstüre und bin erstaunt. Alles an ihr ist grün. Ihre Halskette, die Hose, der Pulli, die Socken, die Schuhe.

»Ich habe es ausprobiert«, sagt sie. »Die Wesen mögen es am liebsten, wenn ich grüne Kleidung trage. Für meine Arbeit ist eine gute Vorbereitung wichtig. Ich meditiere eine Stunde, dann ziehe ich mich sehr sorgfältig an, und manchmal singe ich auf dem Weg zu meinen Klienten im Auto heilige Lieder.«

Die »Elementarwesen«, von denen Andrea Stejskal spricht, sind mir schon vor einiger Zeit begegnet. Die Erdheiler, mit denen ich einen Tag lang auf den Schleichpfaden der Wiener Stadtseele wanderte, haben sich um ihre Zukunft Sorgen gemacht. Dort, wo sie wohnen, in den Büschen rund um das Denkmal der Kaiserin Maria Theresia, wird eine Tiefgarage entstehen, die ihren Lebensraum zerstört. Damals war die gelernte Gärtnermeisterin und Radiästhetin dabei.

Als ich sie damals fragte, was Elementarwesen sind, sagte sie: »Sie leben überall, nicht nur in diesen Büschen. Aber das ist eine längere Geschichte, wenn du willst, kann ich sie dir einmal erzählen.«

Und jetzt ist sie hier, in meiner Wohnung.

Sie holt einen CD-Player aus der Tasche, legt eine Art vergoldetes Krönchen auf den Tisch und befestigt die Kopfhörer des CD-Players daran.

»Oh, ein Elfenkrönchen«, rutscht es mir heraus.

»Nein«, lacht sie. »Das ist ein Instrument zur Harmonisierung der Atmosphäre. In einigen amerikanischen und deutschen Großstädten hat man damit verblüffende Erfolge zur Verbesserung der Luftqualität erzielt. Sogar die Kriminalitätsrate ist nachweislich gesunken. Mit einer speziellen Tonfolge beschallt, erhöht dieser ›Harmonizer‹ die Schwingung in eurer Wohnung. Ich mache das bei mir zu Hause jeden Morgen.«

Sie schaut sich im Wohnzimmer um und nimmt auf einem grünen Sessel Platz.

»Ich werde mich jetzt mit der Seele dieses Ortes verbinden«, sagt sie.

Und dann sitzt sie einfach still da und schweigt. Ich spüre, wie die Geschäftigkeit des Tages von mir abfällt. Einfach so, weil auch ich still dasitze. Lange.

Dann beginnt sie zu sprechen.

»Elementarwesen sind überall, auf den Pflanzen, im Wasser, in der Luft, in jedem Raum. Sie sind Gottes Geschöpfe so wie wir, aber sie sind an die Materie, die sie beseelen, gebunden. Sie setzen unsere Wünsche sofort um, im Guten und im Schlechten, denn sie werten nicht. Daher ist es auch so wichtig, sich das Richtige zu wünschen. Sie sind die Baumeister der materiellen Welt, die wir täglich entwerfen. Eine ihrer Aufgaben ist es, uns zu zeigen, daß jede unserer Handlungen Auswirkungen hat. Die Haut unserer Zivilisation ist hauchdünn. Das Spüren dieser Wesenheiten ist zutiefst in uns verankert. Es ist nicht wichtig, ob wir sie Devas, Elfen oder wie auch immer benennen, sie sind einfach da. Der Zugang zu ihnen geht übers Herz. Erst wenn wir zuviel nachdenken, wird es schwierig, einen Zugang zu finden. Den Alten war das, ohne daß sie wußten, warum, ganz selbstverständlich. Meine Großmutter zum Beispiel sagt immer, wenn es unangenehm stark schneit oder stürmt: ›San die deppert worn?‹ Und es ist ganz klar, daß sie mit den ›Verrückten‹ Personen meint. – Der höchste männliche Aspekt der Elementarwesen ist Pan. Er ist dieser angebliche Teufel, dem die weisen Frauen, die Hexen, auf dem Blocksberg begegnet sind. Tatsächlich haben sie nichts anderes getan, als sich ganz tief mit der Natur zu verbinden.«

Nun schweigt Andrea wieder. Und ich merke, daß ich die Stille zwischen ihren Sätzen als angenehm empfinde. Irgendwann spricht sie weiter.

»Es ist nicht gut, wenn wir uns in der Meditation nur auf Geist und Seele konzentrieren. Unsere Füße müssen mit der Kraft der Erde verbunden bleiben. Auch Bäume können nur dann in den Himmel wachsen, wenn ihre Wurzeln weit in die Erde hineinreichen.«

Wieder schweigt sie für einen Moment und fährt dann fort.

»Hast du eine Frage, die du an die Elementarwesen, die hier wohnen, richten möchtest?«

»Ja! Warum haben wir Mühe, hier in unserer neuen Wohnung richtig anzukommen?«

Jetzt steht sie auf und geht mit einem Pendel langsam durch den Raum.

»Ich suche den Platz, an dem die Seele des Ortes deine Frage am besten beantworten kann.«

Zwischen den beiden Terrassen, die kühl ihre Glasfronten zeigen, kniet sie sich auf einen Teppich und schließt die Augen. Ich spüre ihre Andacht.

Nach einer langen Weile sieht sie mich an.

»Die Deva eurer Wohnung ist nervös und ganz abgemagert und läuft aufgeregt hin und her. Sie sucht Schutz und kann ihn hier nicht finden. Alles ist so offen, so viel Glas. Ich weiß nicht, wie es hier früher ausgesehen hat, aber das hier gefällt ihr nicht.«

»Früher«, sage ich, »war hier ein dunkler Dachboden, dann wurde diese Wohnung gebaut.«

Andrea hält sich nicht mit der Vergangenheit auf. Die Gegenwart braucht Aufmerksamkeit.

»Jeder Raum benötigt die Ausgewogenheit von Yin und Yang. Hier ist alles sehr klar und schön, aber sehr männlich. Viel Metall, viel Glas, wenig Holz. Der weibliche Anteil, den ich sehen kann, ist halb verhungert. Ich empfehle euch unbedingt Vorhänge, warme erdige Farben und runde Formen. Dann kann sich dieses Wesen entspannen und heimisch fühlen.«

Sie schaut in Richtung Küchenblock, der silbergrau und edel, aber kühl den Raum bestimmt und ganz offensichtlich noch wenig benützt wird.

»Was hat dieser Wohnraum für eine Funktion in eurem Leben?«

»Noch gar keine«, antworte ich. »Wir sind von unserem Umzug so erschöpft, daß wir kaum kochen und auch noch keine Freunde eingeladen haben.«

»Das macht das Raumwesen unglücklich«, sagt Andrea. »Es muß seine Bestimmung kennen, muß wissen, welcher Aufgabe es dienen soll. Das ist einfach beim Schlafzimmer, beim Arbeitsraum, beim Bad und bei der Toilette. Da ist es klar. Ein ›Wohnzimmer‹, was ist das? Wir wohnen ja in allen Räumen. Also braucht es ein Ziel. Ihr müßt euch darüber klar werden, wie ihr diesen Bereich nutzen wollt.«

Ich sehe Freunde, die einfach so vorbeikommen, weil es bei uns gemütlich ist, ich sehe die Kinder, meinen Mann und mich am Eßtisch sitzen. Ich verstehe, daß ich hier die »Hausfrau« bin, die Hüterin des Hauses, und zum ersten Mal in meinem Leben hat dieses Wort keinen schalen Beigeschmack.

Sinnend steht Andrea jetzt vor einem Blumentopf neben dem Sofa, auf dem wir nie sitzen, weil wir kaum zu Hause sind. Sie schaut mitleidig auf den Bonsai, der vor sich hinvegetiert.

»Er ist krank«, sage ich, »obwohl wir ihm die Freiheit gegeben haben und ihn nicht zurückschneiden.«

Sie setzt sich neben ihn, und wieder schließt sie die Augen und wird ganz still, so als ob sie ihm zuhört. Ihre Füße in den grünen Socken stehen ganz gerade auf dem Boden. Ihr Rücken ist frei und aufrecht, der ganze Körper ist konzentrierte Aufmerksamkeit.

»Wo stand diese Pflanze vor eurem Umzug, hatte sie Gesellschaft?«

Und noch ehe ich eine Antwort gebe, spricht sie weiter.

»Ich sehe Ärmchen aus den Blättern kommen, die sich an mich klammern wollen, und erhalte die Information: ›Bitte, bitte, nimm mich mit, laß mich nicht allein.‹«

Ich spüre plötzlich den Schmerz dieser Pflanze, die früher daran gewöhnt war, daß ständig Menschen kamen und gingen und manche sie wohlwollend betrachteten, weil ihnen ihr Freisein so gut gefiel.

»Pflanzen in der Natur brauchen keine menschliche Gesellschaft«, sagt Andrea. »In ihrem natürlichen Umfeld werden sie von Mutter Erde genährt, sind unter ihresgleichen und fühlen sich nicht einsam. Wenn wir sie in unsere Wohnungen mitnehmen, dann benötigen sie unsere Zuwendung oder zumindest die Gesellschaft von anderen Pflanzen, damit sie sich als Gruppe erleben können.«

Ich setze mich zu unserem unglücklichen Bonsai und verspreche ihm, daß er von nun an nicht mehr so einsam sein muß.

Jetzt ist mein Büro dran. Es ist der einzige Raum in unserer Wohnung, der ständig vom Chaos überflutet ist. Stöße von

Manuskripten überall, Wanderdünen aus Papier, dazwischen Belege, die ihren Weg in die Steuerunterlagen noch nicht alleine gefunden haben. Am Boden aufgeschlagene Bücher.

»Ich müßte dringend wieder mal aufräumen«, sage ich, obwohl die Unordnung hier Tradition hat.

»Das ist nicht notwendig«, lacht Andrea. »Dein Bürowesen fühlt sich hier wohl. Ich sehe, wie es an deinem Schreibtisch sitzt, die Beine baumeln läßt und Manuskriptblätter durch die Luft wirbelt. Du brauchst dieses Chaos, um kreativ zu sein.«

Als wir später Tee trinken, lehne ich mich zufrieden zurück, weil ich endlich einen berechtigten Grund für die »Schlamperei« in meinem Büro gefunden habe.

»Und wie ist das mit den Elementarwesen in deinem Haus?«

»Bei uns im Haus«, antwortet Andrea, »haben die Wesen einen hohen Stellenwert, auch für meinen Mann und die Kinder. Ich bin im ständigen Dialog mit ihnen, und die meisten sind sehr hilfreich. Man kann sie zum Beispiel bitten, verlorene Dinge wieder zu finden. Sogar Haustiere. Wenn meine Katzen verschwunden sind, dann bitte ich sie, nach ihnen zu suchen. ›Nehmt mit dem Elementarwesen der Katzen Kontakt auf‹, sage ich dann. ›Und bittet sie zurückzukommen, weil ich mir Sorgen mache.‹ Es dauert ein paar Stunden, dann sind sie wieder da. An dem Tag, als eines der Tiere nach meiner Bitte an die Elementarwesen nicht zurückkam, wußte ich, daß diese Katze tot ist. Ich wohne auf dem Land, komm mich doch besuchen. Hinter unserem Haus beginnen die Wälder, dort sind die unsichtbaren Lebewesen besonders nah.«

Ein paar Tage später. Alles an Andrea ist wieder grün. Die

Schuhe, die Socken, die Wildlederhose, der Pulli, der Anorak. Diesmal olivgrün.

»Das ist meine Tarnfarbe für den Wald«, sagt sie, als ich an der Endstation der U-Bahn in ihr Auto steige. »Aber auch an Tagen, an denen ich mich nicht so robust fühle und im Büro Konflikten aus dem Weg gehen will, trage ich gern dieses dunkle Grün. Dann bin ich weniger sichtbar und fühle mich mehr mit den Elementarwesen verbunden. Ich gestalte für eine Baumschule Prospekte und erfinde Werbetexte. Wenn ich mich für die Pflanzendevas öffne, dann helfen sie mir bei der Arbeit und inspirieren mich.«

Andrea fährt zügig und sicher durch kleine Orte, denen die nahe Großstadt noch ihren Stempel aufdrückt. Wochenendhäuser und kleine Villen, Supermärkte für die bequeme Versorgung. Und dann kommt das Land. Es breitet sich nach einer Kurve gemächlich in sanften, weitgeschwungenen Hügeln aus. Sie fährt sofort langsamer, so als ob der ruhige Herzschlag der Natur anfängt zu wirken.

»Das ist der Riederberg«, sagt sie, »dort wohnen wir.«

Das Haus paßt zu ihr. Eine Ökosiedlung am Dorfrand. Wiesendächer auf den Holzhäusern, ungezähmte Natur. Die sieben Familien, die sich hier ihren Traum vom Leben in Gemeinschaft verwirklicht haben, geben sich keine Mühe, den Pflanzen ihren Willen aufzuzwingen.

Ein kurzer Blick in die Wohnräume. Andreas Arbeitszimmer mit den Fenstern bis zum Boden wirkt friedlich, fast wie ein Meditationsraum.

»Das ist schon beinahe draußen, es gehört mehr zum Garten«, sagt sie. »Laß uns gleich zum Wald hinaufgehen, bevor es dunkel wird, ich habe einem Baum, der leidet, versprochen, Medizin zu bringen.«

Sie zeichnet ein Symbol für Heilung auf ein Stück Papier

und füllt aus einem Bachblütenfläschchen »Notfalltropfen« in eine Phiole.

Links vom Haus sind die Gemüsegärten. Jede Familie hat ihr eigenes Stück Land. Ohne Zaun.

»Das hier ist mein Krafttier«, sagt sie und deutet auf den Kopf eines Tierskeletts, der am Rand der Beete am Boden liegt. »Das ist ein Wildsauschädel, ich habe ihn im Wald gefunden. Wenn ich Rat suche, dann stelle ich mich vor ihn und versuche zu spüren, wie eine Wildsau sich wohl jetzt verhalten würde. Das hilft.«

Breitbeinig steht sie in ihrem Garten und nimmt eine kämpferische Haltung ein.

»Und das ist mein Meditationsplatz.«

Sie setzt sich auf einen Sitz aus Stein, den sie aus zwei Felsbrocken zusammengefügt hat, und schaut auf ein kreisrundes Beet in der Mitte.

»Letzten Sommer hatte ich plötzlich das Gefühl, daß meine Gartendeva einen speziellen Platz braucht.«

Sie zeigt mir einen flachen Stein, darauf ein Kristall, und jetzt im Herbst als Erntedank ein Geschenk obendrauf: ein kleiner Kürbis, ein Apfel, eine Nuß, eine Kartoffel, ein Stück Topinambur.

Die ovalen Beete, die sich um dieses Zentrum scharen, lassen den Eindruck eines verwilderten Barockgartens oder eines alten Klostergartens entstehen.

»Ich komme jeden Tag hierher, am liebsten bei Sonnenuntergang, nach getaner Arbeit. Das braucht dieses Wesen. Es ist wie ein Kind, es will beachtet werden. Wenn ich es vernachlässige, gedeiht der Garten nicht so gut. Dann sind plötzlich Schädlinge da, oder die Pflanzen wachsen schlecht.«

Der Weg zum Wald ist schnurgerade und beginnt direkt hinter dem Haus. Der freie Blick über weite Felder und

Wiesen tut gut. Meine Sehnsucht, auf dem Land zu leben, kommt als kurzer Schmerz und verebbt sofort bei der detaillierten Vorstellung, was es für meinen Alltag bedeuten würde.

»Hier mache ich meistens eine Wahrnehmungsübung. Ich schließe die Augen beim Gehen. Probier es aus.«

Ich sehe, daß Andrea die Augen zumacht, und tue es ihr gleich. Die ersten Schritte torkle ich wie eine Betrunkene. Mein Gleichgewichtssinn ist verwirrt. Nach einer Weile merke ich, daß es gar nicht so schwer ist. Ich höre, wenn ich die gerade Spur verliere, daß das Geräusch der Steine sich in einen sanften, verwischten Ton verwandelt. Gras. Ich bin vom Weg abgekommen. Es macht Spaß, die Sinne zu schärfen.

»Und jetzt, halte dir die Ohren zu.«

Das verändert alles. Wieder bin ich verunsichert und merke, daß ich in Schlangenlinien gehe. Dann, ganz leicht, wie in einem Orchester, in dem ein Instrument anfängt, ein Solo zu spielen, setzt der Spürsinn ein. Auf sich allein gestellt, fühlt er jedes Steinchen unter meinem Schuh und sagt mir, daß ich noch auf dem richtigen Weg bin.

Unwillig öffne ich die Augen, als Andrea mich am Ärmel zupft.

»Hier fängt der Wald an«, sagt sie, obwohl wir noch ein gutes Stück davon entfernt sind.

Rechts von mir ein Wildapfelbaum, links ein Grenzstein, und ich merke, daß sie recht hat. Vor uns die Wiese gehört schon zum Wald. Es ist, als ob wir an der Eingangstüre stehen und auf das Vorzimmer schauen.

Ich sehe einen wunderschönen Strauch voll mit Hagebutten.

»Ich würde am Rückweg gerne einen Zweig mitnehmen, was würden die Devas dazu sagen?«

»Es ist eine Frage der Höflichkeit«, antwortet Andrea. »Wenn du mit einer Pflanze so umgehst wie mit einer geschätzten Person, wenn du fragst, ob du willkommen bist mit deinem Wunsch, wenn du bitte und danke sagst, dann dienen dir die Pflanzen gerne. Und achte darauf, so wenig Schaden wie möglich anzurichten.«

Bei den ersten Bäumen bleibt sie stehen.

»Es gibt viele Möglichkeiten, einem Wald zu begegnen. Man kann einfach spazierengehen und sich an seiner Schönheit erfreuen, man kann sein Bewußtsein aber auch für die andere Wirklichkeit öffnen und den Wald als Wesen wahrnehmen. Wenn du das willst, dann stell dich vor und sage, warum du gekommen bist. Und dann warte darauf, daß er dir die Erlaubnis gibt einzutreten.«

Ich spüre die Stopptafel körperlich. Der Wald sieht kalt und ablehnend aus.

»Gib ihm Zeit, und sprich zu ihm«, empfiehlt Andrea, die sich im Hintergrund hält.

Ich trage einen grünen Anorak, den mir Andreas Mann Anton geliehen hat, aber das ist nicht genug.

»Ich bin hier, um zu erfahren und von meinen Erfahrungen zu erzählen«, sage ich.

Dann bleibe ich einfach ruhig stehen.

»Jetzt!« spüre ich und spreche es aus.

Andrea lacht.

»Ich habe in der gleichen Sekunde gemerkt, daß wir willkommen sind.«

Wir sprechen wenig. Ich weiß, daß wir zu dem verletzten Baum unterwegs sind.

»Das ist er.«

Andrea zeigt nach einer halben Stunde auf eine Buche, die in der Mitte vom Sturm gespalten wurde. Sie lehnt sich an den Stamm.

»Er ist zutiefst verwundet davon, daß er seine andere Hälfte verloren hat.«

Sie legt das Heilsymbol in ein Astloch und träufelt Notfalltropfen auf den Boden. Dann legt sie die Arme um den abgespaltenen Teil.

»Er pulsiert noch. Es dauert eine Weile, bis er sterben wird. Sie brauchen beide Trost.«

Dann singt sie leise und zärtlich ein englisches Lied:

> May God, may she bless you.
> May the warm winds caress you.
> May the whisper in the tree watch over thee.
> May the laughter in the sky calm every cry.

Es ist fast dunkel, als wir weitergehen. An einem Platz, auf dem keine Bäume wachsen, bleibt sie stehen und schreitet mit ihrem Pendel einen Kreis ab.

»Ich versuche, die Grenzen zu bestimmen, hier kann ich mich öffnen und mich aufladen.«

Ich spüre, daß das, was sie gerade erfährt, ihr eigenes Erleben ist, das ich nicht stören darf. Ich gehe einfach weiter, auf eine Lichtung zu, die aus der Ferne aussieht wie eine Kathedrale. Eigentlich sind es nur zwei Wege, die sich kreuzen. Ich schließe die Augen und erlebe intensiv, daß es die Wesen in diesem Wald viel leichter haben als die bei mir zu Hause. Ihre Kollegen in den Wäldern in und um Wien, wo ich meinen Hund spazierenführe, sind viel stärker belastet. Dort ist es nicht so einfach, die anderen Welten zu spüren.

Andrea kommt zu mir.

»Stell dir eine Brücke vor wie einen Regenbogen«, sagt sie, als ich ihr meine Wahrnehmung erzähle, »und verbinde in deiner Vorstellung den Prater mit diesem Waldstück. Der

Energieaustausch, den diese Brücke möglich macht, hilft der Deva der Praterauen, sich zu erholen.«

Als Beweis, daß die Verbindung geglückt ist, kommt Wind auf.

»Hörst du das Rauschen in den Bäumen, das ist die Bestätigung.«

Andrea ist zufrieden und erzählt mir von ihrer Beziehung zur Welt der Elfen.

»Ich habe oft ganz deutliche Bilder, wenn ich hier bin. Aber es sind Bilder, die nicht im Außen zu sehen sind. Ich nenne das die seelische Netzhaut, ein inneres Sehen, jeder Mensch kann das erleben, wenn er sich darin übt.«

Die Dunkelheit schluckt die Wege, auf denen wir zurückgehen. Ich fürchte mich nicht. Das Wesen dieses Waldes ist mir inzwischen vertraut. Auf dem Heimweg reden wir über dies und das, über die Kinder, Schulprobleme und andere Alltäglichkeiten.

Als wir die Pforte mit dem Wildapfelbaum und dem Grenzstein passieren, kommt plötzlich erneut starker Wind auf, der zornig die Bäume schüttelt.

Andrea wendet sich sofort um.

»Oh, entschuldigt! Wir haben vergessen, uns bei euch zu bedanken und uns zu verabschieden«, sagt sie zu den Wesen des Waldes und macht eine kleine Verbeugung.

Ich sitze noch eine Weile in ihrer Küche, trinke Tee und sehe ihr zu, wie sie für das Abendessen Gemüse aus dem Garten schneidet. Liebevoll und andächtig. Einer ihrer Söhne kommt vorbei und bringt einen kleinen Stein von draußen mit.

»Der sieht doch aus, als hätten ihn die Elfen hingelegt«, meint er.

Sie nickt ihm zu, bewundert den Stein und legt ihn zu den anderen auf die Fensterbank.

»Kochen ist für mich Magie im Alltag«, sagt sie, als sie zum Tisch zurückkommt. »Ich danke den Pflanzenwesen, daß sie sich für uns hingeben, uns ihr Leben zur Verfügung stellen, deshalb verarbeite ich sie sorgfältig. Ich kann das Argument der Vegetarier, die keine Tiere essen, weil sie sie nicht töten wollen, nicht verstehen. Auch ein Kohlkopf ist ein Lebewesen, für mich macht es keinen Unterschied. Die Natur ist bereit, uns alles Notwendige zur Verfügung zu stellen, wenn wir sie mit Achtung behandeln.«

Als wir zu ihrem Auto gehen, sind die Fenster der anderen Häuser erleuchtet, die Menschen gehen hin und her oder sitzen gerade beim Abendessen. Hier braucht niemand Vorhänge. Freunde sind unter Freunden. Ich komme mir vor wie in einem kitschigen Adventkalender, in dem sich schöne, bunte Bilder zeigen, während ich ein Fenster nach dem anderen öffne.

Ein Leben wie aus dem Bilderbuch. Und wo sind die menschlichen Klippen, frage ich mich und verscheuche den Gedanken sofort, um die Idylle nicht zu zerstören.

»Es gibt Tage«, sagt Andrea, als wir an einem Hagebutten-strauch vorbeigehen, »da vergesse ich das alles. Mein ganzes Wissen, die ganze Achtsamkeit geht mir verloren, und ich tauche unter in den Wirrnissen des Lebens. Ich weiß dann, daß die Naturwesen mir helfen könnten, aber ich kann sie nicht hören und nicht spüren, wenn ich so verstrickt bin.«

Ich verstehe, wovon sie spricht, und nicke. Nebenbei schaue ich begehrlich auf den Hagebuttenstrauch.

»Du kannst dir gern einen Zweig mitnehmen, ich hole die Gartenschere«, sagt sie und läßt mich allein zurück.

Ich suche mir einen schönen Zweig aus und frage zur Vorsicht, ob ich ihn mitnehmen kann. Nein, sagt er ganz klar und deutlich, die Menschen, die hier wohnen, freuen sich täglich an mir.

Andrea fährt mich zurück in die andere Wirklichkeit. Der starke Abendverkehr und die erleuchteten Supermärkte sind seltsame Bilder zu den Geschichten, die sie mir zum Abschied erzählt. Von Nachbarn, die sie holen, wenn ein Kind nicht schlafen kann, weil alte Energien durchs Haus spuken. Von Menschen, die nach ihr rufen, weil ein verletztes Haustier verschwunden ist. Von Unternehmern, denen sie hilft, ihre Geschäfte zum Blühen zu bringen. Andreas Begabung, die unsichtbaren Welten zu sehen und um Hilfe zu bitten, ist ihr inzwischen zum Beruf geworden.

Auf der Visitenkarte, die sie mir an der Bahnstation noch überreicht, lese ich: »Gaia, im Einklang mit der Erde.«

Von einem Berg mit Gefühlen, der als das Herz der Welt gilt

Ein Berg kennt keine Landesgrenzen. Es bedeutet ihm nichts, daß Menschen Markierungen auf seinen Rücken zeichnen und meinen, daß die Felsen links des Pfades Deutschland gehören und rechts des Pfades Österreich – oder umgekehrt. Ein Berg, in dem ein Kaiser, sein Hofstaat und seine schöne Tochter wohnen, der Wildfrauen und einem ganzen Zwergenstaat Heimat ist, hat vielleicht auch gar keine Zeit, sich um das Treiben der kleinen Menschlein zu seinen Füßen zu kümmern. Oder doch?

»Das passiert nur, wenn ich auf den Untersberg will«, stöhnt die deutsche Architektin Maria Weig, als wir uns in Hintergern auf einem Parkplatz treffen. Das Chaos ist perfekt. Teilnehmer, die angemeldet waren, sind im letzten Augenblick abgesprungen. Andere, die nicht erwartet wurden, stehen plötzlich mit Rucksack und Bergstöcken da. Die einen warten auf dem falschen Parkplatz, die anderen kommen zu spät.

»Dieser Berg fordert mich immer wieder heraus. Das erste Mal, als ich hinaufgestiegen bin, habe ich nur noch geheult vor Erschöpfung.«

Wie beruhigend.

Die Hitze brennt auf das Berchtesgadener Land, von dem man sich erzählt, daß damals, als Gott seine Engel ausschickte, um die Schönheit der Berge, der Meere, der Flüsse und Seen auf der ganzen Welt gerecht zu verteilen, eine Panne passiert sei. Zwei der Gottesboten waren so begeistert von ihren Schätzen, daß sie sich nicht daran satt sehen konnten. Sie ließen sich also zunächst einmal nieder und zeigten einander, was sie der Erde zu schenken hatten. Die Zeit verging, da vernahmen sie plötzlich die Stimme ihres Herrn, der sie ermahnte, sich endlich auf den Weg zu machen. Da erschraken sie so, daß ihnen die Naturschönheiten aus den Händen glitten und alle an derselben Stelle auf die Erde hinabfielen.

Hier sitzen wir also inmitten dieser geballten Lieblichkeit, und Maria zeigt mit ihrem Bergstock auf ein schroffes, graues Felsmassiv, das aus der Ferne uneinnehmbar wie eine Festung auf uns herunterschaut.

»Das ist er.«

Er, den wir nicht nur begehen, sondern verstehen und spüren sollen.

»Das ist keine Bergtour, bei der es um Leistung geht«, sagt die ausgebildete Geomantin, die am Chiemsee wohnt und seit Jahren Seminare dieser Art veranstaltet. »Ich möchte euch einladen, meditativ zu gehen. Ganz langsam, so daß ihr euer Tempo nicht verändern müßt, wenn es steil wird. Und achtet darauf, nicht in den Garten eures Nachbarn zu steigen. Versucht zu spüren, wo dessen Energiefeld anfängt, und respektiert diesen Raum. Wir haben alle Zeit der Welt, heute steigen wir nur bis zur Hütte hinauf.«

Mein Rucksack ist noch immer zu schwer. Einen ganzen Beutel voll mit unnützen Dingen habe ich schon in Salzburg im Hotel zurückgelassen. Den großen Deostift, die Nachtcreme, das Buch, die Hüttenschuhe, die zweite Pakkung Brot ... Alles aussortiert, damit der Aufstieg nicht zu mühsam wird. Aber das ist das kleinere Problem.

Mein Herz klopft wie wild. Die Frau, die hinter mir geht, kommt immer näher. Und jetzt, wo ich den offiziellen Auftrag habe, für meinen persönlichen Raum zu sorgen, merke ich, daß mir die Worte im Hals stecken bleiben. Soll ich sagen: Du wanderst in meinem Energiefeld, raus mit dir? Ich bin es nicht gewöhnt, daß Empfindlichsein erlaubt ist, und beschließe, mich damit abzufinden.

Der Druck von hinten wird immer unangenehmer. Die Frau kommt noch näher, und ich merke, daß ich aggressiv werde. Da endlich fällt mir der erlösende Satz ein, und ich bleibe mit einer einladenden Geste stehen.

»Möchtest du vielleicht vorausgehen?«

Sie versteht sofort, entschuldigt sich und erklärt mir, daß sie bei Bergtouren immer hinter den guten Gehern aufsteigt.

Vor mir und hinter mir tut sich ein Raum auf, der mich in die Stille entläßt. Ich spüre, wie mein Rucksack leichter wird.

»Bleibt im Augenblick, und denkt nicht schon ans Ziel. Wenn ihr euch mit dem Untersberg und dem, was er euch sagen will, verbindet, dann wird das Gehen viel einfacher. Dann zieht er euch in die Höhe.«

Das hatte uns Maria noch mit auf den Weg gegeben, bevor sie sich ganz ans Ende der stillen Prozession zurückzog.

Die nächste Prüfung naht. Ich höre die Stöcke, die an Steine stoßen, das Geröll, das von schweren Schuhen losgetreten wird. Ich spüre, daß »mein« Raum wieder zu eng wird. Verstohlen sehe ich mich um. Diesmal ist es ein Mann. Er geht versunken seiner Wege und bemerkt mich offensichtlich gar nicht. Eine Weile wandern wir schweigend in einem Abstand, der mir immer unerträglicher wird.

»Das ist mir zu nah«, sage ich nach einer kleinen Ewigkeit und merke sofort, wie die Angst in mir hochsteigt.

Angst, daß ich nicht mehr dazugehöre, wenn ich so unbequem bin. Angst, das Wohlwollen dieser fremden Gruppe auf diesem fremden Berg zu verlieren.

Jemand spricht. Es ist einer der wenigen Sätze in dieser ersten schweigsamen Stunde des Aufstiegs.

»Schau hinüber, sieht er nicht aus, als ob er eine Krone trägt?« sagt der Mann, der inzwischen vor mir geht und in einer Kehre stehengeblieben ist.

Mein Energiefeld wird wieder klein. Es hat sich in Sekundenschnelle an die neue Situation angepaßt. So als ob es einen Schalter gäbe, auf dem »Kommunikation« steht. Ich bin wieder »normal« – aber was ist schon normal?

»In der alten Zeit waren die Menschen viel tiefer mit dem ganzen Universum, mit der Erde und der Landschaft verbunden«, sagt Maria in der kleinen Pause, die wir auf die Minute genau einlegen. »Sie haben viel mehr als wir in ihrem Gemüt gelebt, haben lebendig erzählt, gesungen und gedichtet. Das war ihre Art zu überliefern. Die Trennung von uns selbst und von der Natur ist erst eine Entwicklung der letzten Jahrhunderte. Sie hat uns geholfen, uns als Individuum zu begreifen, uns als Einzelwesen zu verstehen. Aber jetzt müssen wir den Weg in die Mitte wieder finden.«

Es ist seltsam, sich einem Berg ohne Leistungszwang zu nähern. Ich kenne das Gefühl nicht. Als Kind habe ich versucht, mit meinem Vater Schritt zu halten. Später waren es die Männer, die mein Tempo bestimmten. Dann habe ich meine Kinder mit gutem Zureden auf den Gipfel geschleppt. Und immer ging es um das Ziel und nicht um den Augenblick.

Die Uhr bestimmt unsere Pausen. Es ist angenehm, nicht darauf zu warten, bis ich so erschöpft bin, daß ich nicht mehr weiterkann. Jede Stunde, das versteht mein Körper jetzt als Gewißheit, kommt er für eine kurze Weile zur Ruhe. Da lagert die Gruppe im Schatten, und nach und nach kommen die Teilnehmer, jeder in seinem Schritt. Ich lasse die anderen für eine Weile aus meinem Blickfeld verschwinden und bleibe zurück. Ich versuche zu spüren, wie es wäre, ganz allein auf dem Berg zu sein. Es gelingt mir nicht ganz. Das Wissen, daß hinter der nächsten Biegung zehn Menschen im Gras liegen und ich mich einfach zu ihnen setzen kann, macht mich zufrieden.

Maria hat gerade ein Buch mit Sagen und Legenden des Berchtesgadener Landes aufgeschlagen, als ich ankomme. Halb liest sie, halb erzählt sie die Geschichte des Kaisers.

»In einer riesengroßen, prächtig ausgestatteten Halle tief im Inneren des Untersbergs sitzt Kaiser Karl auf seinem Marmorthron und schläft. Er trägt eine juwelenbesetzte Krone auf dem Kopf und hält ein goldenes Zepter in der Hand. Rund um ihn sind sein ganzer Hofstaat und die Tapfersten seiner Krieger versammelt. Auch sie schlafen einen tiefen, todesähnlichen Schlaf. Der weiße Bart des Kaisers ist schon so lang, daß er zweimal um den Marmortisch reicht, an dem er sitzt. Wenn er ein drittes Mal herumgewachsen ist, dann ist das Weltenende gekommen. Alle hundert Jahre erwacht Kaiser Karl. Dann sendet er einen Edelmann hinauf zum Geiereck, um nachzusehen, ob die Raben noch immer den Berg umkreisen. Währenddessen naht des Kaisers schöne Tochter, mißt die Länge des Barts, und ihre Tränen des Mitgefühls mit ihrem Vater verwandeln sich in seinem Haar zu Perlen.

Wenn der Bote mit der Nachricht zurückkehrt, daß die Raben noch immer fliegen, dann weint der Kaiser. Und mit einem Wehruf versinken er und sein glänzendes Gefolge wieder in der Erstarrung. Erst wenn die Zeit der höchsten Not hereinbricht und die Raben vom Berg verschwinden, weil sie die Leiber der edlen Gefallenen fressen, erst dann kann der Kaiser aus dem Untersberg mit seinem Heer herauskommen, und die große Schlacht beginnt.«

Ich mag die Geschichte nicht.

»Warum muß schon wieder eine Frau dienen, warum ist

seine Tochter mit ihm im Berg eingesperrt, warum kommt der Frieden erst durch Kampf«, frage ich unmutig.

»Mythen entstammen unseren kollektiven Erinnerungsschichten. In ihnen wurden immer und immer wieder Empfindungen erzählt, die sich zum Beispiel beim Begehen eines Berges innerlich abspielten. Es geht um Bilder, die uns die Seele zeigt. Und scheinbar haben viele Menschen den Untersberg ähnlich erlebt. Daraus sind die Geschichten entstanden, die uns überliefert wurden. Wie wir sie verstehen, bestimmen wir selbst. Wer sagt, daß seine Tochter im Berg eingesperrt ist? Es könnte doch auch sein, daß sie nur kommt, um nach ihrem Vater zu sehen. In meiner Geschichte, wie ich sie verstehe, wohnt sie nicht in den unterirdischen Hallen.«

Maria sagt es freundlich, aber bestimmt. Das sitzt.

»Ich lade euch ein, den Kaiser in euch selbst zu entdecken. Was ist das für ein Teil, der traurig ist und warten muß, bis die Not so groß ist, daß sich etwas ändern darf?«

»Aber wozu der Krieg?« frage ich insistierend.

»Wir machen uns täglich unseren Krieg im Inneren«, antwortet sie. »Jedesmal wenn du dem, was deine Seele möchte, zuwiderhandelst. Jedesmal, wenn du dein Ego stärker sein läßt als dein Wesen, dann findet in deinem Inneren ein Kampf statt. Erst wenn dieser Kampf gewonnen ist, kann wirklich Frieden herrschen. Der Kaiser steht für das männliche Prinzip, für die Kraft in uns, die uns hilft zu gewinnen. Aber noch weint der Kaiser, wenn er sieht, wie es in der Welt und – wenn du es symbolisch siehst – in unserer inneren Welt zugeht.«

Wir steigen immer höher, die Pflanzen verändern sich. Die satte, feuchte Vegetation wird zarter, die Farben dafür um so intensiver. Der Berg wächst uns entgegen, und in der Ferne zieht sich wie eine Narbe eine schmale Spur quer

über seinen Leib. Hier wird er uns erlauben, sich ihm zu
nähern. Er scheint sanft gestimmt zu sein, denn unsere
Begleiterin findet fast zufällig einen Weg, der viel weniger
hart ist als der, den sie für uns vorgesehen hatte.

»Der Bergkaiser steht für unverrückbare Prinzipien«, erklärt Maria in unserer letzten Pause, als wir schon fast am
Ende unserer heutigen Etappe angelangt sind. »Wie steht
es mit den Prinzipien in eurem Leben?«

Mit der Aufgabe, darüber nachzudenken, versinke ich
wieder in meiner eigenen Welt. Mir fällt nichts ein. So vieles
habe ich schon über Bord geworfen, gibt es noch Dinge in
meinem Leben, die unverrückbar sind? Maria geht hinter
mir. Ich warte auf sie.

»Es muß auch bei mir Grundsätze geben, aber ich finde sie
nicht. Wie ist das bei dir?« frage ich sie.

»Für mich gibt es zwei Ebenen von Prinzipien. Die höchste
ist die Hingabe und der Glaube an ein göttliches Prinzip.
Und dieses Prinzip ist die Liebe. Wenn ich dem vertrauen
kann, dann erübrigen sich alle anderen. Aber wir Menschen sind nicht immer in der Liebe. Wir haben uns eine
Stütze durch moralische Prinzipien geschaffen. Wir ziehen
uns Ehrlichkeit, Treue, Wahrhaftigkeit und andere Werte
an wie ein Korsett, das uns hilft, aufrecht zu gehen. Wenn
du wirklich liebst, dann bist du ehrlich. Wenn du wirklich
liebst, dann bist du dir selbst treu und wünschst das auch
deinem Nächsten. Wenn du wirklich liebst, dann bist du
wahrhaftig. Aber wie oft kommt unser Ego und will Macht
und Kontrolle über den Fluß des Lebens.«

Jetzt verstehe ich, warum der Kaiser weint. Eine der Frau-
en scheint ähnlich zu fühlen.

»Ich bin traurig, daß um meinen Berg noch so viele Raben
fliegen, daß ich noch so weit weg bin von diesem Frieden,
auf den der Kaiser warten muß.«

Das Stöhrhaus kommt in Sicht. Es duckt sich nicht, es schmiegt sich nicht. Ganz gerade, die Holzschindeln so silbern wie der Berg, steht es einfach da. Kein Lockruf, kein heimeliges Gefühl, das uns entgegenkommt. Ich bin wie der Berg, scheint es zu sagen, stolz und unnahbar.

Wer eine solche Aussicht hat, muß sich nicht anbiedern. Das Berchtesgadener Land liegt uns zu Füßen, als Gegenüber Berge und nichts als Berge.

»Diese wilden Zacken sind der Watzmann mit seiner Frau und den sieben Töchtern. Er war ein grausamer Herrscher und hat sein Volk unterdrückt und ausgebeutet. Zur Strafe haben ihn die Zwerge zu Stein verwandelt«, erzählt Maria und weiß von dem alten Zwergenvolk, daß es auch den Untersberg ausgehöhlt hat. »Von unterirdischen Gemächern wird erzählt, von Sälen, die von Gold funkeln und edlem Gestein. Zwölf Eingänge soll es geben, in denen immer wieder Menschen verschwanden. So heißt es in den alten Erzählungen der Einheimischen, und so ist es auch in unserem eigenen Leben: Wenn wir in unsere eigene Tiefe gehen, dann finden wir dort Gold und kostbare Edelsteine.«

Im Vorraum der Hütte wird sofort klar, wer hier das Sagen hat: »Unser Hausherr, Kaiser Karl« steht auf dem weißblauen Kachelofen geschrieben. Der alte Mann mit seinem langen Bart, umgeben von seinen Zwergen, schaut würdig auf die ausgelatschten Hüttenschuhe, die zur freien Entnahme neben ihm im Regal stehen.

Doch noch ist der Tag nicht zu Ende. Wer mag, kann in der Dämmerung mit auf den Gipfel gehen.

Wenn zwei Länder sich einen Berg teilen, dann wird der Kaiser, wenn er aus dem Berg herauskommt, seine Gunst gerecht verschenken müssen. Denn die Menschen haben zwei Thronsessel für ihn erschaffen. Einen halben Tag wird

Frieden für die Seele

er auf dem Salzburger Hochthron sitzen und die andere Hälfte des Tages vom Berchtesgadener Hochthron aus regieren. Dazwischen liegen dreieinhalb Stunden Fußweg. Aber was ist das schon für eine Entfernung, wenn man gewöhnt ist, in Jahrhunderten zu denken.

Es ist noch hell, der Vollmond steht als blasse Scheibe über dem bayrischen Land. Und weil er gerecht ist, beleuchtet er auf der anderen Seite des Gipfels Österreich. Ein Flugzeug zerschneidet die Stille nur für einen Augenblick.

Maria gibt keine Anleitungen mehr. Als wir auf dem Berchtesgadener Thron ankommen, geht sie einfach weg, ein Stück den Kamm entlang, und setzt sich auf einen Stein. Ein leichter Wind streicht über Steine und Menschen. Frieden. So fühlt sich also Frieden an. Ich habe ihn lange nicht mehr gespürt. Die Wühlmäuse in meinem Kopf, die mir ständig Aufträge erteilen, mir sagen, was ich schreiben soll, was ich mir merken muß, verlassen meinen Körper.

Ich kann richtig spüren, wie die Nervosität vergeht wie Schnee, der in der Sonne schmilzt. So weich, so warm fühlt es sich an, ganz entspannt zu sein.

Ich spüre mehr, als daß ich es sehe, daß die Gruppe langsam auseinandergeht. Die einen wandern stumm zurück zur Hütte, die anderen finden einen Platz, an dem ihr Schweigen genug Raum bekommt.

Ich falle aus der Zeit. Ein Berg, dessen Namen ich nicht kenne, zeigt plötzlich ein leuchtendes Rückgrat aus goldenen Knöpfen. Seilbahnstützen?

Ich sehe zu Maria hinüber. Sie liegt zwischen zwei Felsen gekuschelt und rührt sich nicht. Ich beneide sie um diese innige Verbindung mit dem Berg. Ich würde mich auch gerne in seinen Schoß legen, aber der Stein bleibt fremd und will meinen Respekt.

»Der Berg fordert seine Opfer«, habe ich oft in der Zeitung gelesen und nie daran gedacht, daß es noch andere Opfer geben könnte als verunglückte Wanderer. Zum Beispiel, daß ich im Matratzenlager schlafen muß.

Ich fürchte mich vor den eigenen und den fremden menschlichen Geräuschen, und als ich zur Hütte zurückgehe, spüre ich, wie sich mein Körper wieder verspannt. Da hilft nicht einmal der obligate Schnaps vor dem Schlafengehen. Ich werde sicher die ganze Nacht wachliegen. Oder doch nicht?

An den Blicken meiner Mitwanderer am nächsten Morgen merke ich, daß ich wohl zur Runde der Schnarcher gehören muß. Ich verkneife mir, mich über die Frau aufzuregen, die schon in aller Herrgottsfrühe mit ihren Plastiktüten so rücksichtslos geraschelt hat.

Außerdem ist mein spitzenbesetzter Slip von der Wäscheleine verschwunden. Weggeweht, weil Wäscheklammern nicht auf meiner Packliste standen. Also noch ein Opfer.

»Die Legende erzählt«, spöttelt eine der Frauen, »daß der Kaiser im Jahr 2001 eine neue Unterhose bekommen hat.«

»Es ist eine kleine Gabe«, sage ich, »aber sie kommt von Herzen.«

Die Zacken der Krone, auf denen wir heute über das Hochplateau wandern, sind brüchig, und immer wieder sinkt das Kalkgestein in Dolinen zusammen. Ich hätte nicht gedacht, daß dieser strenge Fels so durchlässig, so verletzlich ist.

»Beurteile nie jemanden von außen«, sagt Maria und setzt sich in einer der Mulden zur nächsten Rast nieder.

»Ich möchte euch jetzt von den Wildfrauen erzählen. Sie verkörpern das weibliche Prinzip des Berges. Es geht um die Hingabe des freiwilligen Dienens, nicht um Unterdrückung«, sagt sie, noch bevor ich in meinen emanzipatorischen Widerstand gerate. »Auf und im Untersberg, so berichten die alten Menschen der Umgebung, wohnen zarte, feingliedrige Geschöpfe mit lieblichen Gesichtern und goldglänzenden, langen Haaren. Sie wandeln in ihren weißen, wallenden Gewändern über die Berge und singen betörende Lieder. Die Menschen, denen sie begegnen, sind verzaubert. Manchmal kommen sie bis in die Dörfer und verdingen sich unerkannt als Dienstmägde. Wenn die Bauern gut zu ihnen sind, dann bringen sie Reichtum und Glück ins Haus. Die Wildfrauen verabscheuen es, wenn Eheleute streiten, und tun alles, um sie wieder zu versöhnen. Kinder lieben sie besonders und möchten ihnen gerne ihr unterirdisches Wunderreich zeigen.

In den Geschichten dieser schönen Wesen geht es immer um die Auflösung von Stolz, von Egoismus, von Habsucht, von Streitlust, aber auch um Belohnung für das Gute. Je mehr wir uns mit unserem Ego auseinandersetzen, desto sanfter und weicher werden wir. Wenn zum Beispiel ein Stück Stolz abbröckelt, dann kommt eine weise Frau oder ein weiser Mann zum Vorschein. Ein Wesen jenseits von Äußerlichkeiten.«

Der Salzburger Hochthron taucht in der Ferne auf. Wieder kommt das Gefühl zurück, daß der Untersberg streng und unnahbar ist. Ein nackter Bergrücken, notdürftig von schütterem Grün bedeckt. Der staubige, baumlose Gipfelpfad atmet den Schweiß von Tausenden, die sich die letzte Etappe hart erkämpfen mußten.

Auf einer Wiese, von Fels umgeben, läßt uns Maria auf dem Rückweg zur Hütte spüren, wie es sich anfühlt, wenn weiblich und männlich ausgewogen sind.

»Hier kann echter Frieden entstehen, wenn beide Prinzipien im Gleichgewicht sind.«

Als ich nach einer Weile die Augen öffne, sehe ich, daß sie flach am Boden liegt, das Gesicht in die Wiese gepreßt. Es kostet mich eine kleine Überwindung, aber dann liege ich auch. Ohne Decke, ohne Jacke, nichts, was mich vor der Erde schützt. Einfach so, den Mund in Moos und Gras, die Wangen auf einem kratzigen Polster, den Duft der Bergwelt in der Nase. Mein ganzer Körper ist in Aufruhr, er kennt diesen direkten Kontakt mit der Erde nicht. Ich bin ein Kind der Stadt. Zu viele Füße sind über jedes Stück Wiese gegangen, das mir begegnet ist. Hier ist alles reiner, klarer. Langsam werde ich ruhig, und irgendwann formt sich ein Gedanke und beschreibt das Gefühl: Mutter Erde. So weich und zärtlich kannst du also auch sein, mein neuer Freund Berg. Ja, aber nicht nur, kommt kurz danach die Antwort. Ein Windstoß bringt aus heiterem Himmel Nebel, der sich in Sekundenschnelle auf die Wiese legt. So als müßte das Gefühl ganz schnell wieder eingefroren werden, bevor es zuviel wird.

»Auf, nach Hause«, sagt Maria, »ein Gewitter kommt.«

Vorbei das würdige Schreiten, vorbei die kleinen Pausen mit meditativen Gesprächen. Der Sturm rüttelt an unseren Regenjacken, bläst die Mützen vom Kopf und verjagt die Sonne. So ist es also, wenn er wild wird, der Untersberg. Der Steig ist schmal, ich stelle mir vor, daß ein Windstoß genügt, um mich in den Abgrund zu wehen, und klammere mich mit kalten Fingern an den Felsen fest.

Jetzt winkt das Stöhrhaus einladend. Wir rennen mehr, als wir gehen, nichts wie weg aus der Natur, der strengen.

In der Hütte wird alles wieder gemächlich. Knödel mit Suppe gibt es und eine süße Nachspeise.

»Meine Frau ist die einzige Amerikanerin, die einen guten Kaiserschmarren macht«, sagt der Hüttenwirt, der jedes Jahr mit seiner Familie aus Colorado kommt, um sich für vier Monate in Heimatluft zu baden.

An der Wand hängt ein gerahmter Zeitungsartikel. Der Dalai Lama hat den Untersberg als magischen Berg Europas bezeichnet. Denn die Erde ist ein lebender Organismus, und dieser Berg ist sein Herz. Damit wir uns ausken-

Erde spüren

nen, wird noch erwähnt, daß Jerusalem der Nabel und der Himalaja der Kopf sind.

Kein Wunder, daß dem Untersbergwasser die Qualität der Quelle von Lourdes zugeschrieben wird.

Das tut aber den grauen, kleinen Männern keinen Abbruch. Sie schleichen aus dem Berg heraus, erzählt Maria am Abend, und treiben überall ihr Unwesen.

»Kennt ihr die kleinen, grauen Männer in euch selbst? Diesen Schattenteil, der uns immer wieder einholt, der uns umhüllt und uns für Stunden, Tage oder Monate vergessen läßt, daß wir uns auch für das Licht entscheiden können?«

Zehn Menschen nicken einträchtig.

Der Sonntag bringt den Abschied. Wir sitzen beim Abstieg ein letztes Mal in der Wand des Berges, der an dieser Stelle blutrote Flecken hat. So als ob er uns seine Wunden zeigen möchte. Maria zieht noch einmal Bilanz und erklärt, warum er so vieles in uns bewegt.

»Es gibt keine sanften Hügel, die dich auf ihn vorbereiten. Er erhebt sich aus den Tälern steil nach oben. Ohne Vorwarnung steigst du hoch. Und dadurch ist der Untersberg eindeutig und klar und konfrontiert dich. Er fordert dich zur bedingungslosen Liebe auf. Es gibt nur ein Ja oder ein Nein. Nur vor oder zurück. Man findet keine Zwischengipfel, keine Seitenwege. Seine Qualitäten treffen dich direkt ins Innerste. Und auf dem Gipfel ist er wieder völlig durchlöchert und zeigt dir seine schwachen Seiten. Wenn ich oben bin, werde ich wieder gezwungen, in die Tiefe zu gehen. Er lehrt uns Liebe. Denn Liebe kann nur bestehen und von Dauer sein, wenn ich in die Tiefe gehe. Und dieser Berg ist eine Ansammlung von Höhen und Tiefen.«

Die Tiefe hat auch körperlich ihre Tücken. Ich merke es an meinen schmerzenden Knien, die nicht gewohnt sind, so steil bergabzugehen.

Aber im Tal wartet die Klamm. Hell, spritzig, ganz anders als die meisten Flüsse, die sich durch Schluchten winden. Hier ist nichts Düsteres, Geheimnisvolles. Wasserfälle und breite Staubecken wechseln einander ab. Das Berchtesgadener Land sorgt für seine Touristen mit bequemen Brükken, die immer wieder queren, damit man das Schauspiel von oben betrachten kann.

Maria findet eine Stelle, in der man zu den Wasserbecken hinuntersteigen kann. Sie sagt kein Wort, zieht sich nackt aus und springt mit einem Freudenschrei ins eiskalte Wasser. Wir tun es ihr gleich und kümmern uns nicht darum, daß oben auf der Brücke die Wanderer über uns staunen. Zehn Menschen, wie Gott sie geschaffen hat.

Mit einer Selbstverständlichkeit planschen wir, lassen den Fluß wild über unsere Haut stürmen, ruhen uns in sanfteren Becken aus. So muß es gewesen sein, bevor die Erbsünde uns das Gefühl der Scham gebracht hat. Etwas Urwüchsiges, Natürliches ist in den drei Tagen in uns gewachsen.

Am Ende der Alpbachklamm ist dann alles wieder normal. Ein Drehkreuz zwingt uns, stehenzubleiben. Vier Mark kostet der Eintritt, in unserem Fall der Austritt in die Welt, die wir mit Staunen zur Kenntnis nehmen: Wirtshaustische, Sonnenschirme, Zwetschgenkuchen mit Sahne, Schlagobers gibt es erst jenseits der Landesgrenze.

Zuerst war es der Unterberg, der mir fremd war. Jetzt, wo ich ihn ein Stück in mir trage, ist mir die Geschäftigkeit des Tals noch fremder.

Ein Tor hat sich geöffnet. Wenn es sich wieder schließt, wünsche ich mir, daß die Erinnerung an die Berührung bleibt.

Von einer Höhle, von einem mißglückten Ritual und von einer Trancereise zum Bärengeist

Zuerst kommt die Angst und dann die Stille. Eine ganz besondere Stille, die nur entstehen kann, wenn die Erde sich über einem schließt. Aber noch kämpfen wir gegen die Panik. Denn das Loch, durch das wir kriechen sollen, ist so eng, daß aus weiter Ferne Gedanken an Geburt auftauchen.

Es sind erst ein paar Minuten vergangen, seit es ein unbeschwerter Ausflug war, bei dem wir uns kurzfristig als Handwerker, die sich durch die Erde buddeln, verkleiden wollten. Elisabeth, meine Schwägerin, hatte ihren weißen Pulli gegen ein altes Schlabberstück getauscht, mein Bruder Johannes, war, bereits bestens getarnt, in brauner Wolle erschienen, und der Mann, der die Erde so gut von innen kennt, war überhaupt professionell ausgerüstet. Er zog aus dem Kofferraum einen dunkelgrünen Overall, von dem noch vom letzten Besuch in dem unterirdischen Labyrinth der Lehm in trockenen Klumpen auf den Boden bröselte. »Nichts Schönes anziehen«, hat er uns gewarnt, »die Kirche, die wir besuchen, braucht keine Sonntagskleider.«

Dann stehen wir mit unseren Taschenlampen vor dem schmalen Einstieg, und plötzlich hört das Lachen auf. Johannes und Elisabeth verschwinden vor mir in der Dunkelheit. Ein letzter Blick über das Land. Die Sonne taucht die Hügellandschaft rund um den Ort Maustrenk, dessen Name mich plötzlich an »Maus ertrinkt« erinnert, in helles Licht. Worauf haben wir uns da eingelassen? Man hätte wenigstens am Auto einen Zettel anbringen sollen, damit die Retter uns finden …

Horrorvisionen von einstürzendem Erdreich und tagelangem Verschüttetsein tauchen auf. Elisabeth hat wenigstens einen Apfel in der Tasche.

»Nun komm schon endlich!«

Die Stimme von Johannes klingt dumpf und weit entfernt. Füße zuerst oder mit dem Kopf voraus ins Unbekannte? Ich will es auf jeden Fall kriechend schaffen. Die Idee, mich wie ein Aal durch feuchten Lehm zu winden, ist mir unangenehm. Mein Hintern, von dem ich dachte, daß er nicht besonders ausladend ist, stößt hart an die Decke aus gepreßtem Löß. Also doch robben.

Nach ein paar Metern weitet sich die Enge, dankbar tasten wir uns auf allen Vieren weiter. Jeder von uns umklammert seine Taschenlampe und sieht zu, daß er die Füße des Vordermanns nicht aus den Augen verliert. Da ist die Qual schon zu Ende. Völlig überraschend öffnet sich ein Raum, der hoch genug ist, daß sogar die Männer aufrecht stehen können, und gibt den Blick auf einen »Altar« aus Stein frei. Die Kuppel, die sich über ihm wölbt, ist ganz offensichtlich von Menschenhand gemeißelt.

»Macht eure Taschenlampen aus!« Die Stimme unseres Höhlenlehrers, der seinen Namen nicht genannt haben möchte, klingt gedämpft. »Hier sitze ich immer und warte, bis ich Ruhe in mir spüre. Dieses Gefühl des Friedens in der Stille entsteht nur unter der Erde. Du hörst nichts. Nichts von all dem, was draußen dein Leben bestimmt. Keinen Wind, keine Menschen, keine Autos. Und ob du die Augen offen oder geschlossen hältst, es ist immer dieselbe sanfte Dunkelheit, die dich umfängt.«

Ich schließe meine Augen, und es erscheint mir wie eine Ewigkeit, bis der Lärm in meinem Kopf aufhört.

»Und wenn Gedanken kommen, dann laß sie einfach vorüberziehen, gib ihnen keine Energie«, sagt unser Führer
mit ruhiger Stimme.

Als die Spannung in mir nachläßt, spüre ich, wie sehr mein
Körper und meine Sinne sich »draußen« anstrengen müssen, um das Getöse der normalen Welt zu ertragen.

»Und jetzt lade ich euch ein, für eine Weile in dieser Stille
zu bleiben. Jeder auf seine Weise.«

Es dauert eine Weile, bis ich hinter meinen Lidern spüre,
daß sich nicht nur in meinem Körper, sondern auch außen
etwas verändert hat.

Licht! Ich öffne die Augen, alles ist in Gold getaucht, der
Lehm, die Felsen, die Gesichter. Das Wort »Kirche« bekommt eine andere Bedeutung. Losgelöst von den harten
Bänken meiner Kindheit und dem Zwang zur täglichen
Schulmesse, versöhne ich mich und denke gern an Gott,
dem ich in der Bregenzer Pfarrkirche nie begegnet bin,
obwohl er vielleicht auch dort wohnt.

Die Kerzen, die unser Reiseführer auf die Felsen gestellt
hat, schimmern warm und lassen erkennen, daß von dem
Raum, in dem wir sitzen, wie Maulwurfgänge mehrere
Abzweigungen weiter hinein in die Erde führen, denn
unser Kraftplatz ist nur ein winziger Teil dieses beeindruk-
kenden Labyrinths, das sich über zweihundertfünfzig Meter erstreckt. Wer keinen Ortskundigen findet, der jeden
Winkel wie seine Westentasche kennt, braucht eine Schnur
oder viel Vertrauen.

»Niemand weiß, wer diese Höhlen gegraben hat«, erzählt
unser Begleiter. »Aber eines ist sicher, es geht hier unten
um die Erfahrung von Tod und Wiedergeburt, von stirb
und werde.«

Er führt uns ein Stück weiter und zeigt uns kleinere Ni-
schen und Höhlen, die der großen »Kapelle« ähnlich sind.

»Es gibt Forscher, die annehmen, daß das hier ein Kultplatz war. Die Menschen mußten in die Dunkelheit der unterirdischen Gänge eintauchen, ihre Angst besiegen und ihrer Intuition folgen. Sie mußten lernen, mit dem Körper und ihrem inneren Auge zu sehen. Wahrscheinlich war es ein Initiationsplatz, an dem Einweihungsrituale gefeiert wurden. Einweihung in die Fruchtbarkeit, aber auch Einweihung in das Wissen und die Kräfte der Natur und des Kosmos.«

Als wir zwei Stunden später wieder an die Oberfläche kriechen, bin ich erstaunt, daß draußen noch immer die Sonne scheint. Nach der Stille des Labyrinths sind die Geräusche hier unnatürlich laut: die Vögel, der Wind in den Bäumen, die Autos auf der fernen Straße.

Ich möchte gerne wissen, was die Einheimischen über diesen mystischen Platz erzählen. Die Frau mit dem Kinderwagen, die auf dem Feldweg vorbeigeht, kommt mir gerade recht.

»Ja, ich bin oft als Kind da drin gewesen. Wir haben eine Schnur an einem Baum festgemacht, und dann sind wir so weit hinein, wie sie gereicht hat.«

Wer diese unterirdischen Gänge und Grotten gebaut hat, weiß sie nicht.

»Die sind schon immer dagewesen. Aber kommen Sie mit, wir fragen meinen Vater. Versteckt haben sich die Leute da drin. Schon während der Schwedenkriege, und später haben sie den Frauen und Kindern Schutz vor den Franzosen und Russen geboten.«

Der alte Bauer hat seinen Hof gleich in der Nähe und erzählt davon, daß immer wieder Menschen kommen, die in die Höhlen kriechen. Nein, er wisse auch nicht, wer das Labyrinth gebaut habe.

Maustrenk ist nur einer von vielen »Erdställen«, wie man

sie nennt, und sie kommen schon in alten Dokumenten vor. Das Wort hat nichts mit »Stall« zu tun, es bedeutet »Stellen unter der Erde«, und allein in Niederösterreich gibt es mehr als vierhundert davon.

Daß jeder hinfindet, den die Neugierde treibt, möchte der Mann, der uns geführt hat, vermeiden.

»Schreiben Sie bitte nicht, wo in Maustrenk der Eingang liegt. Für die Menschen, die hierher kommen, um ihren inneren Frieden zu finden, ist es ein heiliger, intimer Ort. Wer sich bemüht und danach sucht, der wird ihn finden, wenn die Zeit reif und seine Absicht rein ist.«

Ich folge den Ideen meines Buches, das mir immer mehr wie ein lebendes Wesen erscheint. Doch diesmal dauert es eine Weile, bis es mich wieder in eine Höhle führt. Denn vorher schickt es mich in die Irre.

Wir sind pünktlich. Grete, meine Freundin, und ich sind dem Ruf gefolgt: »indianische Schwitzhütte und Trance-rasseln nach Felicitas Goodman«. So stand es auf dem Papier, das uns in einen der Vororte der großen Stadt geführt hat. Das Grundstück ist eingezäunt, wir sollen nicht am Haustor läuten.

»Die Menschen, die jetzt hier wohnen, fühlen sich sonst gestört«, sagte die Organisatorin am Telefon. »Der alte Besitzer war an schamanistischen Traditionen sehr interessiert, aber dann hat er das Haus verkauft.«

Die Frau, die uns im verwilderten Garten empfängt, wirft Bauholz, das sie aus ihrem Auto ausgeladen hat, in einen Schubkarren. Sie begrüßt uns nur kurz und überläßt uns ihre Arbeit ohne langes Fragen. Keine anderen Seminar-teilnehmerinnen. Wir sehen uns vielsagend an.

»Bis um fünfzehn Uhr werden alle da sein«, sagt die Frau

und schlichtet die Bretter, die wir ihr bringen, zu einem großen Haufen.

Beginn vierzehn Uhr, stand auf dem Papier. Es ist vierzehn Uhr. Und wir schleppen Holz fürs Lagerfeuer. Wer pünktlich ist, arbeitet.

»Schönes Gemeinschaftsritual«, murmelt Grete und zieht sich über ihre feinen Musikerinnenhände Arbeitshandschuhe, die irgendwo herumliegen.

Eine Viertelstunde später taucht ein Mann auf.

»Ich dachte, das ist ein Ritual für Frauen«, sage ich verwirrt.

»Das ist der neue Hausbesitzer«, meint die Frau unbekümmert und versucht, ein Feuer in Gang zu setzen.

Der Mann steigt auf einen kleinen Traktor, der sich als Rasenmäher herausstellt. Er fährt in engen Kreisen um unseren Ritualplatz und dann quer darüber. Ich bin irritiert. Der Lärm ist ohrenbetäubend, ich spüre meinen Ärger.

»Warum mäht er gerade jetzt seinen Rasen«, frage ich. »Ich empfinde das als aggressiven Akt.«

Die Frau bleibt bei ihrer stoischen Ruhe.

»Es ist Samstag, wahrscheinlich hat er sonst nie Zeit. Und außerdem bewahrt er uns davor, im langen Gras nasse Füße zu bekommen. Er mäht für uns.«

Gott, bin ich kleinlich und mißtrauisch. Ich schäme mich, daß ich den guten Willen des Helfers nicht erkannt habe, und schleppe weiter Holz.

Gegen fünfzehn Uhr kommen die anderen Frauen angeschlendert. Ich verstehe, daß die Eingeweihten nach getaner Arbeit kommen. Keine entschuldigt sich.

Der Mann mäht noch immer den Rasen. Nachdem jedes Gräslein auf unserem Ritualplatz zu unserem Wohle abgemäht ist, kommt der Rest des großen Gartens dran.

Ich habe Kopfweh. Grete zieht mich hinter ein Gebüsch und teilt mir mit, daß sie diesen Lärm nicht mehr lange aushält. Inzwischen sind eineinhalb Stunden vergangen. Es ist alles bereit für unser Ritual. Der Mann mäht immer noch seinen Rasen. In die hintersten Winkel des Gartens fährt er sorgfältig und langsam seinen lauten Traktor.

Als ich ihn frage, wie lange noch, sagt er: »Ich bin der Hausbesitzer, ich mähe hier, solange ich will!«

Seine Augen funkeln unfreundlich. Wieder einmal habe ich meiner Wahrnehmung nicht getraut. Wieder meine eigenen Gefühle verurteilt. Wir sind hier als Gruppe nicht erwünscht, Grete und ich haben es von Anfang an gespürt. Es dauert eine Weile, bis ich mein Mitgefühl für diese Frau bemerke, die jahrelang ihre Energie und ihre Liebe in diesen Platz investiert hat. Die ihn jetzt nicht verlassen kann, obwohl die Umstände schwierig sind.

Auf der Heimfahrt in die Großstadt, in der Grete wohnt, sitzen wir zufrieden und aufgeregt in der S-Bahn und gratulieren uns gegenseitig zu unserer Entscheidung. Wir sind gegangen. Vielleicht zu spät. Aber immerhin. Wir haben uns den Blicken der Frauen ausgesetzt, die geblieben sind. Wir haben uns einem Ritual verweigert, weil der Rahmen, in dem es stattgefunden hat, nicht geschützt war. Den Mut zu haben, einfach wegzugehen, tut gut.

Ein paar Wochen später nehme ich einen neuen Anlauf. Autos fahren vor, Telefone klingeln, Wegbeschreibungen werden durchgegeben, Versprechen gemacht, daß die Gruppe wartet, weil sich jemand verfahren hat. Wie haben sich die Menschen früher versammelt, als es noch keine Handys gab? Inmitten dieser Unruhe steht eine zierliche Frau in einem warmen Anorak und bleibt ganz gelassen. Es dauert eine Weile, bis ich mitbekomme, daß sie das Ritual, zu dem ich mich angemeldet habe, leiten wird. Es ist kalt, die Wartehalle des kleinen Bahnhofs, der als

Treffpunkt angegeben war, ist geschlossen. Meine Freundin Franziska und ich stehen auf dem schlecht beleuchteten Vorplatz, die anderen Menschen sind mir fremd. Wieder bin ich einer Ankündigung gefolgt, in der ein Tranceritual nach Felicitas Goodman angekündigt wurde. Diesmal in einer Höhle. Es ist mein zweiter Versuch, und ich spüre mein Mißtrauen, daß ich wieder zur falschen Zeit am falschen Ort sein könnte.

Während wir warten, erlaube ich meiner Erinnerung, mich in einen großen Saal an der Universität Wien zu führen. Ich sehe eine alte Frau und viele Menschen. Ich bin unter ihnen. Wir stehen ganz still und nehmen eine Haltung ein, die die alte Frau die »Bärin« nennt. Meine Hände liegen in lockeren Fäusten auf meinem Bauch, meine Füße stehen breit auf dem Boden, meine Knie sind leicht gebeugt. Mein Körper erinnert sich auch jetzt, Jahre später, sofort mit jeder Faser an die Töne der Rasseln, die den Raum ausfüllen und in jede Ritze der ehrwürdigen Stuckdecken dringen. Es ist ein absurder Ort für ein schamanistisches Ritual, und dennoch spielt es keine Rolle.

Felicitas Goodman ist Ehrengast an der Universität. Man hat ihr einen Ehrentitel verliehen. Sie ist Professorin für Linguistik und Anthropologie und Gründerin eines Instituts in den USA, in dem sie in enger Zusammenarbeit mit Indianern religiöse Trancezustände erforscht.

Die Trancehaltungen, zu denen sie uns anleitet, sind uralt. Vor Tausenden von Jahren gingen sie verloren und wurden eigentlich nur durch einen Zufall wieder entdeckt. Professor Goodman erforschte mit ihren Studenten Körperhaltungen von alten Skulpturen und fand heraus, daß sie – unterstützt von Rasseltönen – die Teilnehmer in wenigen Minuten in einen Zustand versetzen, in dem eine »heilige Wirklichkeit« entsteht.

»Jeder kann es«, sagt sie damals und lacht. »Aber manche haben es leichter. Menschen, die viel meditieren, haben oft Schwierigkeiten, denn in der Meditation sind die Bedingungen, die das Nervenkostüm braucht, der Trance entgegengesetzt. Man sagt dem Körper, tu jetzt nichts. In der Trance passiert das Gegenteil. Ich rassle, man nimmt die Umwelt wahr und ist erregt. Ich habe es im Labor ausprobiert. In dem Augenblick, in dem die Rassel einsetzt, verändert sich die Wahrnehmung, und wir gelangen in einen anderen Teil unserer Wirklichkeit. Man kann das mit dem EEG messen. Es gibt viele Trancehaltungen, und jede hat eine andere Bedeutung, jede führt uns in ein anderes Erlebnis. Wir kennen Reisehaltungen, die uns in die schamanistische Unter- oder Oberwelt versetzen, wir haben Skulpturen erforscht, die es uns ermöglichen, eine Pflanze oder ein Tier zu werden. Die Bärin zum Beispiel ist eine Heilhaltung. Sie kann Kummer auflösen und trösten.«

Susanne Jarausch holt mich in die Gegenwart zurück und drückt mir eine Skizze in die Hand, damit wir am Weg zur Höhle nicht verlorengehen.

Der Troß setzt sich in Bewegung. Fünfundzwanzig Menschen in vielen Autos. Mein Zweifel fährt mit. Wie werden wir nach dieser banalen Anreise jemals in andere Welten gelangen? Nach zehn Minuten ist die Fahrt zu Ende. Eine Schranke, ein Waldweg, keine Beleuchtung. Es ist Vollmond, aber der Mond, der uns den Weg zeigen soll, versteckt sich hinter Wolken.

Ich bin froh, daß noch ein paar meiner Freunde gekommen sind, und stolpere hinter ihnen her. Ein schlechter Tag ist das heute für ein Ritual. Ich hätte zu Hause bleiben sollen. Müde, unlustig bin ich und traurig. Und so, wie ich die Welt sehe, stellt sie sich mir dar: düster.

Susanne geht sicher und leichtfüßig. Sie führt uns über

einen schmalen Waldweg auf eine Anhöhe und bleibt stehen. Unter uns die Lichter der Häuser und über uns plötzlich der Mond. Er taucht Menschen und Landschaft in silbergraues Licht und wischt mit einer großzügigen Geste die Erinnerung an die Anreise weg.

»Streckt euch, schüttelt euch, und laßt euren Alltag hinter euch. Wir stehen jetzt auf dem Rücken der Höhle, da unten ist der Eingang.«

Sie zeigt auf riesige Felsblöcke ein Stück weit entfernt.

»Es riecht nach brennendem Holz«, sagt Franziska, als wir weitergehen.

Und dann empfängt sie uns, die Höhle. Im wahrsten Sinn des Wortes. Ein riesiger Raum öffnet sich, und in der Mitte, in einem bequemen Steinbett, brennt ein wärmendes Feuer, das Susannes Helferinnen für uns vorbereitet haben. Was für ein Luxus, was für ein Gefühl, willkommengeheißen zu werden. Das ist der Augenblick, in dem ich weiß, daß ich zur richtigen Zeit am richtigen Ort bin. Danke, sage ich und weiß nicht genau, zu wem.

Wir stehen im Kreis um das Feuer, es ist der 1. November, Allerheiligen, und für die Kelten der Beginn des neuen Jahrs. Susanne erzählt uns von den Grenzen zur Anderswelt, zur Welt der Ahnen. Grenzen, die an diesem Tag besonders durchlässig sind.

»Das Fest hieß bei den Kelten ›Samhain‹, das heißt Vereinigung. Es ist der Tag, an dem die Lebenden mit dem Reich der Toten in Kontakt treten können und eine Begegnung leichter möglich wird. Die Unterwelt, in der sich das Reich der Verstorbenen befindet, ist ein lichtes, freudvolles Reich. Es gibt keinen Grund, sich davor zu fürchten.«

Der Gedanke, daß es bei den Toten licht und freudvoll ist, gefällt mir. Und es scheint mir, als ob das Feuer in der Höhle bei Susannes Worten heller brennt.

»Schließt eure Augen, ich werde jetzt für euch die Rassel schlagen. Stellt euch vor, wie eure Füße in den Boden sinken. Spürt, wie mit jedem Ausatmen Wurzeln von euren Fußsohlen in die Erde wachsen. Diese Wurzeln reichen tief hinunter, bis in die Unterwelt zu euren verborgenen Kräften, zu euren Krafttieren und zum Reich der Ahninnen und Ahnen. Laßt euch jetzt hinuntersinken, und nehmt Verbindung auf. Erlaubt euch, der Person zu begegnen, die eure Seele am meisten nährt, und bittet sie um Schutz und Begleitung für euren Weg.«

Ich höre die Rassel und weiß, daß mir jetzt meine Großmutter erscheinen wird. Sie ist lange tot, aber sie war immer für mich da, als sie noch lebte. Als kleines Mädchen habe ich jeden Abend gebetet: »Lieber Gott, laß bitte meine Oma nicht sterben.«

Es ist nicht meine Großmutter, die in meiner Vision aus den Felsen kommt. Die Frau ist sehr alt. Sie hat schlohweißes, langes Haar und trägt ein weißes Kleid aus Leder. Sie sagt nichts. Aber ich spüre ihre Weisheit und weiß, daß es die Weisheit der Indianer ist, mit der ich verbunden bin.

Ich nehme vieles von dem, was an diesem Abend geschieht, nicht wahr, weil ich das, was für mich wichtig ist, schon in den ersten Minuten erlebe. Aber ich bin Teil dieser Gruppe. Ich stehe mit auf, als alle aufstehen. Ich nehme wieder die Haltung der Bärin ein, wie damals, im großen Saal der Universität. Aber sie führt mich nicht auf eine lange Reise. Ich sehe keine Bilder, ich spüre nur ein Gefühl: Ich bin getröstet. Der Schmerz, mit dem ich heute abend hierher gekommen bin, die Trauer, all das wird sanft und weich und verliert seine Schärfe. Die alte Frau mit dem schlohweißen Haar begleitet mich dabei.

Susanne rasselt. Sie rasselt in dieser Höhle, in der der Klang satt von den Wänden zurückschwingt, und unterstützt die Menschen auf ihrer Reise.

Am Ende der Trance spricht Susanne feierlich in den großen Felsensaal hinein.

»Schönheit vor mir, Schönheit hinter mir, Schönheit unter und über mir, Schönheit um mich. Laßt uns alle den schönen Weg gehen.«

Später sitzen wir rund ums Feuer. Thermoskannen mit Tee werden ausgepackt, mitgebrachte Brote geteilt. Niemand spricht. Ich sehe den Funken nach, die wie kleine goldene Tiere durch die Luft fliegen und sterben, wenn sie sich auf den kalten Felswänden niederlassen.

»Wer etwas erzählen möchte von seiner Reise, ist jetzt dazu eingeladen«, sagt Susanne.

Schweigen. Es ist ein Schweigen, das wärmt und den Raum füllt. Ich spüre die Dichte des Erlebten rund um mich wie einen großen Mantel, der uns umhüllt. Als Gemeinschaft. Nach langer Zeit steht eine große, blonde Frau auf und schüttet einen Schluck Alkohol ins Feuer.

»Ich danke meinen Ahninnen und Ahnen, die mich beschützen und führen. Ich bitte sie darum, Licht ins Dunkel meines Weges zu bringen. Ich danke den beiden Großmüttern, die helfend an meiner Seite stehen, für ihre Botschaften«, spricht sie respektvoll und tritt dann einen Schritt zurück.

Neben mir sitzt meine Freundin Marietta und sagt leise zu mir: »Du mußt unbedingt mit Gabriele sprechen, sie ist eine graduierte Sangoma und wirft das Knochenorakel.«

»Was ist eine Sangoma, und was ist ein Knochenorakel?« frage ich verwundert.

»Frag sie selbst«, antwortet Marietta.

Und schon weiß ich, wohin meine nächste Reise mich führen wird.

Von afrikanischen Heilerinnen und einem Knochenorakel

Braungelbe Vorhänge, ein grüner Plastikboden, Plastiktische und einfache Holzstühle – wie in der Schule. An der Stirnseite des Raums eine grüne Tafel auf der die Kreide schlecht abgewaschen ist und graue Bahnen zieht. In der Nähe des Eingangs, an einem der Tische, sitzt die Kassiererin und sieht aus wie eine Besucherin.

Sie ruft mir mit strenger Stimme nach: »Sie müssen noch bezahlen! Wieso übersehen mich alle …«

Alle, das sind fünf. Mit mir sechs. »University Meets Public« heißt die Veranstaltung, in der für heute ein Vortrag über die Sangomas, die Heilerinnen Swasilands, auf dem Programm steht.

Auf dem Podium ein bunter Farbtupfer in der Tristesse dieser Bildungsanstalt. Gabriele Mosetig-Pauleschitz trägt ein weinrotes Oberteil, das ihren afrikanischen Halsschmuck noch besser zur Geltung bringt. Ich bin ihrer Einladung gefolgt, ahnungslos, neugierig und ohne große Erwartungen. Wir haben einander bei einem Tranceritual nach Felicitas Goodman kennengelernt. Sie war eine unter fünfundzwanzig, aber sie fiel mir auf. Vor allem durch ihre Augen. Durchsichtig, aber dennoch von tiefem Blau.

Sie ist Ethnologin, und souverän stellt sie sich dem Auftrag ihrer Universität und berichtet über ihre Erfahrungen in Swasiland.

Von der Größe des Landes, den politischen Verhältnissen, von der traditionellen Medizin erzählt sie. Von der Sorge, die sie spürt, weil sie nie weiß, wer von den Menschen, die sie dort kennengelernt hat, noch leben wird, wenn sie zurückkommt. Mehr als ein Drittel der Bevölkerung leidet an Aids.

»Die afrikanische Medizin trennt nicht nach Kategorien«, sagt sie. »Krankheit ist in ein umfassendes Konzept von Mißgeschick eingebettet, auch nichtmedizinische Anliegen gehören dazu: wenn zum Beispiel jemand keinen Partner findet oder ständig arbeitslos wird oder in anderen Lebensbereichen kein Glück hat. Gesundheit wird als Harmonie der sozialen, ökologischen und spirituellen Aspekte des Seins verstanden. Jede Krankheit reflektiert ein Ungleichgewicht der inneren Kräfte oder eine Störung der sozialen oder kosmischen Ordnung.«

Es ist ein Vortrag, der hierher paßt. Präzise und wissenschaftlich, aber dennoch menschlich.

Dann, nach ungefähr einer halben Stunde, als ob der Vorhang fällt und sich wieder öffnet, kommt eine völlig andere Person zum Vorschein: eine »Litfwasa«, die Schülerin einer Sangoma, einer afrikanischen Heilerin.

»Ich wollte es nicht, niemand will es, denn der Weg zur Sangoma ist hart. Die afrikanischen Frauen, die dazu von ihren Ahnen berufen werden, zögern oft jahrelang, diese Berufung anzunehmen. Viele von ihnen werden schwer krank und müssen dieser Vision folgen, damit sie wieder gesund werden können.«

Gabriele wollte nur forschen. Mit einem Stipendium der Universität war sie nach Swasiland gekommen, aber zunächst war keine der Sangomas, deren Heilkünste sie dokumentieren wollte, bereit, sie aufzunehmen.

»Sie warfen ein Knochenorakel, nickten freundlich und beantworteten meine Fragen. Doch keine der Heilerinnen hat mich als Forscherin akzeptiert.«

Wie sollte sie eine Heilerinnenzunft beobachten, die sie

164

von ihren Ritualen ausschloß? Eines Tages, als Gabriele schon nahe daran war aufzugeben, fand sie des Rätsels Lösung.

Eine der alten Heilerinnen sagte: »Wenn du so weitermachst, dann wirst du keinen Erfolg haben, dann bist du vergeblich in unser Land gekommen. Denn du bist eine Sangoma, und deine Ahnen haben dich nach Swasiland geschickt, weil du zur Heilerin berufen bist. Du kannst für deine Universität forschen. Aber du mußt dich der traditionellen Ausbildung zur Sangoma unterziehen. Es ist nicht richtig, von einer Heilerin zur anderen zu gehen. Du mußt bei einer Lehrerin bleiben und von ihr lernen.«

Die beiden Frauen in der Reihe vor mir stecken ihre dauergewellten Köpfe aufgeregt zusammen und tuscheln leise. Sie ahnen wahrscheinlich schon, daß jetzt etwas auf sie zukommt, was den Rahmen der üblichen Vorträge in diesem Haus sprengen wird.

Die Ethnologin erzählt ganz ruhig. Sie macht uns glaubhaft, daß wir in einem fremdartigen Alltag gelandet sind, der aber auch Alltag ist, eben ein anderer als der unsere. Aber deswegen nicht weniger real oder wertvoll.

»Die Ausbildung zur Sangoma ist hart. Anfangs bin ich oft verzweifelt vor der Hütte meiner ›Gobela‹, so heißen die Lehrsangomas, gesessen und habe in die Landschaft gestarrt. Eine Litfwasa muß um vier Uhr aufstehen, zum eiskalten Fluß gehen und sich darin waschen. Dann werden zur Reinigung bis zu fünf Liter Flüssigkeit getrunken, die wieder erbrochen werden müssen. Der Tag ist streng ritualisiert. Holz schleppen, Feuer machen, Medizin herstellen, tanzen, um in Trance zu kommen, Kranke behandeln. Tatsächlich heilt nicht die Sangoma, sondern die Ahnen, von denen sie bestimmt wurde, diese Tätigkeit auszuüben. Denn die Ahnen wissen alles. Sie leben in einer

Welt, in der sie den Überblick über das Ganze haben. In Swasiland sind sie Teil der Gesellschaft. Ihr Körper stirbt, aber sie wechseln nur von einer Zustandsform in die andere. Sie beschützen, beraten und strafen, wenn die sozialen Gesetze nicht eingehalten werden.«

Ich bin fasziniert von der Offenheit, mit der Gabriele von dieser fremden Kultur erzählt, in die sie für Monate eingetaucht war.

Als sie von den Ritualen berichtet, die eine Ausbildung abschließen, und Dias zeigt, wird es noch stiller im viel zu großen Saal.

»Die Initiationsrituale waren für mich höchst dramatisch. Eine Litfwasa muß nicht nur ihre hellsichtigen Qualitäten unter Beweis stellen, es werden auch zwei Ziegen geschlachtet, als Symbol für den Tod des alten Selbst. Es ist ein Opfer an die Ahnen, und das Blut der Tiere muß getrunken werden. Danach werden die toten, blutenden Ziegen auf ihre Schultern gelegt. Die Tiere sterben stellvertretend für die Novizin. Mit diesem Ritual wird sie von ihrem bisherigen Leben abgetrennt, sie wird nie mehr die Person sein, die sie war. Die Rituale dauern sechsunddreißig Stunden, und viele Sangomas sind angereist, um die Litfwasa auf ihrem Weg zu unterstützen. Die ganze Nacht wird getanzt und gesungen, und in dieser Zeit darf sie nicht schlafen. Denn eine Sangoma muß wach sein, wenn sie eine gute Heilerin werden will.«

Gabriele spricht und bewegt ihren Körper dabei so sicher, als ob sie sich in einem eigenen, sehr geschützten Raum befände. Als ob die Tatsache, daß sie an einer Volkshochschule in einem fast leeren Saal vor staunenden Besuchern spricht, für sie keine Bedeutung hätte. Ihre Stimme ist ruhig und warm, ich spüre bei ihr nicht die winzigste Irritation über das seltsame Umfeld.

166

Die Ethnologin erzählt von den Ziegenjäckchen, die für sie aus den Fellen geschnitten wurden. Von den Tagen, an denen das Fleisch der Tiere an ihrem Körper verweste, weil sie die Jacke nicht ausziehen durfte. Und es wird klar, daß es ernst ist, daß es wahr ist und daß sie im vollen Bewußtsein, daß die Arbeit einer Sangoma ihre Bestimmung ist, all diese fremdartigen Dinge auf sich genommen hat.

Später sitzen wir beim Italiener um die Ecke, und sie erzählt noch mehr. Von den Schwierigkeiten, ihre Arbeit als Ethnologin durchzuführen. Von ihrer Sehnsucht, zurückzukehren und weiterzulernen. Von dem Konflikt, in den sie als Mutter eines fünfjährigen Sohnes gerät.

Diese Frau berührt mich in ihrer Kompromißlosigkeit und stärkt mein Gefühl für meinen eigenen Weg. Ich freue mich auf das Knochenorakel, das sie mir verspricht.

»Aber du mußt ein echtes Anliegen haben«, sagt sie.

Ein Wohnhaus in einem bürgerlichen Bezirk von Wien. Eine Klingelanlage aus weißem Plastik. Viele Namen. Einer davon ist ihrer. Ich läute und bin mir wieder der zwei verschiedenen Welten bewußt.

Im Stiegenhaus riecht es nach Mittagessen. Sie öffnet mir die Türe zu ihrer Wohnung, und mit einem Schlag ist das Wiener Bürgerleben hinter mir. Fast wie ein Schock trifft mich die andere Welt. Gabriele ist barfuß und trägt die traditionelle Tracht der Sangomas. Um die Hüfte ein rotes, bedrucktes Tuch, wie es alle Heilerinnen tragen. Um den Hals die Hörner der Ziegen, die für sie geschlachtet wurden, und ein wunderbares, mit Perlen besticktes Amulett. In dem Raum, in den sie mich führt, sind die beiden Welten friedlich vereint. Ein Tisch mit dem Computer, an dem die Ethnologin an ihrer Dissertation arbeitet, daneben ein Regal, angefüllt mit afrikanischen Kräutern, Wurzeln und

Rinden, die sie selbst gesammelt und zu Medizin verarbeitet hat. Am Boden die zwei Felle der Ziegen, die bei ihrer Einweihung zur Sangoma geopfert wurden. Zwei Sitzkissen, einander gegenüber, daneben ein hoher Kerzenleuchter aus Holz. Im Hintergrund ein kleiner Tisch, darauf eine weibliche afrikanische Holzfigur in einer rituellen Haltung, rundum eine Schlangenhaut als Symbol für Tod und Wiedergeburt.

»Das ist der Platz der Ahnen«, sagt Gabriele.

Sie bittet mich, Platz zu nehmen, und erst als ich ihr gegenübersitze, bemerke ich, daß sie eines der beiden Ziegenjäckchen trägt, die ihre Gobela für sie aus den Opfertieren geschnitten hat. Sie zeigt auf das weiße und das schwarze Ziegenfell am Boden.

»Es war sehr mühsam, die frischen Tierhäute zu präparieren. Ich habe sie drei Wochen lang jeden Tag in die Sonne gelegt und bearbeitet. Zuerst mit Asche desinfiziert, dann mit groben Steinen und anschließend mit feinem Sand abgerieben. Solange, bis die rauhe, blutige Oberfläche weich und glatt war.«

Das Lammfell bei mir zu Hause, auf dem ich gerne sitze, habe ich einfach in einem Geschäft gekauft. Und wieder werden mir die zwei Welten stark bewußt.

Wir trinken Tee, und Gabriele erzählt mir von ihrem Weg.

»Bevor ich nach Swasiland kam, habe ich in meinem Leben Rituale immer vermißt. Ich kann mich noch erinnern, wie enttäuschend es für mich war, daß ich nach meiner Reiki-Ausbildung nur ein Zertifikat bekam. Denn ein Papier ist nichts, was durch den Körper geht, was man spüren kann. In der traditionellen Heilkunde sind Initiationsrituale wichtig für die Identifikation als Heilerin. Die drei Säulen, auf denen körperliche und seelische Gesundheit aufbauen, sind die Beziehung zur Welt der Ahnen, die Beziehung zu den Mitmenschen und die Beziehung zur Natur. Wenn einer dieser Bereiche nicht in Balance ist und vernachlässigt wird, werden die Menschen krank.«

Die Welt der Ahnen erschließt sich Gabriele mit ihrem »Knochenset«.

»Jedes sieht anders aus«, sagt sie, und ich spüre meine Neugierde, es endlich zu sehen. »Meines unterscheidet sich noch einmal, weil ich Europäerin bin. Auch meine Art, das Orakel zu lesen, ist anders. Am Anfang hatte ich große Mühe mit meinem Anderssein, mehr als die Sangomas selbst. Für sie war es klar, daß ich aus einer anderen Welt komme und meine Rituale dieser Welt anpasse.«

Gabriele sitzt aufrecht auf ihrem Kissen am Boden, während sie spricht, und ich erkenne ihre Würde als Heilerin.

»Eine erfahrene Sangoma braucht eigentlich keine Knochen mehr. Sie könnte die Botschaften auch aus vier Steinen lesen, die sie wirft. Als Schülerin einer Sangoma bist du ein spirituelles Neugeborenes. Im Verlauf der Ausbildung wächst du immer mehr, und irgendwann träumst du die Knochen, mit denen du das Orakel wirfst. Jeder Knochen hat seine Bedeutung, die dir die Ahnen mitteilen. Ich bin eine junge Sangoma, für mich ist mein Knochenset sehr wichtig. Ich brauche es, um mich sicher zu fühlen.«

Sie nimmt eine Tasche aus geflochtenem Stroh in die Hand und schüttet den Inhalt auf das weiße Ziegenfell, das sie vorher auf seine glatte Seite gedreht hat.

Es ist, als ob ein Kind seine Schätze ausbreitet: Muscheln in verschiedenen Größen und Farben, zwei weißschwarze Dominosteine, eine kleine, blaue Plastikziege und viele, viele Knochen. Manche sind mit bunten Perlenbändern geschmückt.

»Laß uns anfangen«, sagt Gabriele und mischt die Gegenstände, die am Boden liegen durcheinander.

»Mein Anliegen ist …«, sage ich, Gabriele unterbricht mich. »Du mußt mir dein Anliegen nicht nennen. Ich werde es in den Knochen lesen. Ein Teil der Heilkunst der Sangomas bezieht sich darauf, daß sie für die Menschen, denen sie helfen, glaubwürdig sind, weil sie ohne Informationen herausfinden, was dem Kranken fehlt.«

Sie legt ihre Hände über die Knochen, beugt sich vor und fängt an, zu ihren Ahnen zu sprechen. Es sind Worte, mit denen sie ihre Vorfahren um geistige Führung, um Unterstützung und Schutz für sich und für mich bittet.

Ich habe mehrere Fragen. Wie sollen die Ahnen die wichtigste davon auswählen, wenn ich es selbst nicht weiß?

Gabriele schüttelt sich ein paar Mal, nennt die Namen ihrer Ahnen, spricht meinen Namen laut aus, rollt dabei die Knochen hin und her, bittet um Klarheit für mein Anliegen und fängt an zu sprechen. Sie richtet ihre durchsichtigen, klaren Augen auf mich, und in diesem Moment kommt mir die Autorin, die dokumentieren will, abhanden.

Das was jetzt geschieht, richtet sich an mich. An Renate, die Person.

Die Sangoma, die vor mir sitzt, spricht Dinge aus, die sie als Gabriele nicht wissen kann, weil sie mein Leben nicht kennt. Sie erzählt mir von meinen Schwierigkeiten, von meinen geheimen Ängsten, von meinen Sorgen. Mit ihrem Ochsenschwanzwedel wandert sie von Knochenhaufen zu Knochenhaufen und zeigt mir Bilder zu allen Fragen, die ich unausgesprochen an die Ahnen gerichtet habe.

»Das Orakel, das ich jetzt geworfen habe, dient dem Überblick. Wenn du möchtest, können wir die Knochen noch einmal zu den Details befragen.«

Ich nicke nur und spüre, daß ich ihr vertraue.

Die Knochen, die sie jetzt wirft, zeigen ein Bild, als ob ein Fotograf eine Nahaufnahme derselben Situation gemacht hätte. Der Dominostein, der mich repräsentiert, liegt immer noch auf der weißen Seite.

»Du siehst, schlecht geht es dir nicht, du bist eine starke Frau«, sagt Gabriele tröstlich.

Die Themen sind noch da, aber sie haben sich verfeinert. Sie zeigt wieder auf den Knochenhaufen, der vor ihr liegt, und diesmal geht es ins Detail der Probleme. Sie erzählt, und ich kann Fragen stellen. Anhand der Bilder, die die Knochen jetzt zeigen, nennt sie mir Lösungen oder Verhaltensweisen, die sich günstig auswirken können. Manche sind so verblüffend, daß ich sie wohl nie gefunden hätte.

Am Ende der Zeremonie bedankt sie sich bei den Ahnen und klatscht über ihrem Knochenset respektvoll in die Hände.

»Mein Traum ist es«, sagt Gabriele, als wir bei einer Tasse Tee wieder in dieser Welt ankommen, »einmal eine Weile als Sangoma in Swasiland zu leben. Ich fühle mich dort genauso zu Hause wie hier.«

Sie sagt es mit Leidenschaft, und ich stelle mir diese blonde Frau inmitten der Sangomas in Swasiland vor.

»Und wie geht es dir in deinem Alltag«, frage ich sie, denn auch hier bei uns muß sie in gewisser Weise eine Fremde sein.

»Ich hätte nie gedacht, daß ich so viel Respekt und Liebe erfahren werde. Alle Wege öffnen sich für mich. Es ist, als ob mir die Menschen, denen ich begegne, dankbar sind, daß ich so konsequent meinen Visionen folge. Das gibt ihnen Hoffnung, daß auch sie ihren Weg gehen können, der ihnen vorgezeichnet ist.«

Im Treppenhaus riecht es nach Abendessen, die Straßenlaternen beleuchten Menschen, die vollbepackt mit ihren Einkäufen nach Hause eilen. Ich habe vergessen, wo mein Auto steht, so weit weg war ich an diesem Nachmittag.

Von Wind Eagle, Rainbow Hawk und der alten Weise der Indianer

Die Geschichte, die ich hier erzähle, hat es mir nicht leicht gemacht. Sie blieb in meinem Kopf und in meinem Herzen stecken und hat sich wochenlang geweigert, auf dem Papier Platz zu nehmen. Sie erschien mir so unfaßbar, im wahrsten Sinn des Wortes, und gleichzeitig so kostbar, daß sie danach verlangte, erzählt zu werden.

»Mein Name ist Rainbow Hawk. Wir heißen euch willkommen auf dieser Reise, euch und eure Stimme, so als ob wir schon immer ein Stamm gewesen wären. Stellt euch vor, daß wir einander seit vielen Jahren kennen. Daß wir Brüder und Schwestern, Onkeln und Tanten, daß wir eine Familie sind. Das erspart uns die Arbeit, uns kennenzulernen, und wir vergeuden keine Zeit damit.«
Der alte Mann mit dem schlohweißen Haar und den klaren, blauen Augen lächelt uns und dann seine Frau an. Mit einem Kopfnicken übergibt er ihr das Wort.
»Mein Name ist Wind Eagle. Wir werden an diesem Wochenende einige Dinge gemeinsam tun, und es ist gut, sie bewußt zu tun. Wir sind als Familie zusammengekommen und werden Wege gehen, die uns erlauben, unser Herz zu öffnen. Die Kraft der Neugierde öffnet immer wieder die Tür zum Abenteuer der Entdeckung. Und wenn das geschieht, dann wachsen wir.«
Sie lächelt jeden einzelnen in der Runde an, und ihr Haar ist genauso weiß wie das ihres Gefährten. Es fällt in dichten, weichen Wellen über ihren Rücken und wird nur von einer Spange zusammengehalten.

Wind Eagle nimmt eine Schale, mit Tabak gefüllt, die vor ihr auf dem Boden steht. Sie ist golden, mit rubinroten Steinen verziert, und als sie im Kreis zu mir kommt, nehme ich mir eine Prise.

»Wenn die Zeit für dich richtig ist, steh auf, und opfere sie dem Feuer. Es ist die alte Weise, dieses Element als heilige Energie zu verehren«, sagt sie auf englisch und wird von einer Frau, die an ihrer Seite sitzt, ins Deutsche übersetzt. Rainbow Hawk nickt zustimmend und hält einen Stab in der Hand, den er als »Talking-Stick« vorstellt.

Die Luft steht still, so, als hätte die Hitze, die mit mehr als dreißig Grad vom Himmel brennt, sogar den Wind lahmgelegt. Wir sitzen um ein Lagerfeuer auf der Wiese vor einem gediegenen Bauernhaus, das die Tradition des Landes zeigt. Alles ist aus altem, gutem Holz, die Fenster und die Fensterläden, die verglaste Veranda. Das Haus steht auf einer Anhöhe, doch der Blick ins Tal und auf die Berge, die am Gegenhang aufsteigen, wird abgelenkt.

Ein großes weißes indianisches Tipi bekommt die Bewunderung, die eigentlich diesem Platz gebührt. Weit weg vom Getriebe der großen Städte am Ende eines winzigen Dorfes in der Steiermark hat uns Balthasar mit Unterstützung seiner Frau Jutta für dieses Wochenende das Erbe seines Großvaters zur Verfügung gestellt.

Während Rainbow Hawk über die Zeichen erzählt, denen wir Beachtung schenken werden, kommt Wind auf.

»Manchmal spricht das Feuer. Seht, wie es den Rauch im Kreis um uns alle herumschickt und uns verbindet. Das ist gut. Denn auch wenn wir einander schon kennen, so treffen wir uns doch heute nach langer Zeit wieder. Ich lade euch ein zu erzählen, was euch hierhergeführt hat.«

Ich sehe in mehr als zwanzig fremde Gesichter, und die Vorstellung, daß ich all diese Menschen kenne und schätze, auch wenn wir uns in der Realität heute zum ersten Mal begegnet sind, macht es mir leichter, mich wohlzufühlen. Rainbow Hawk spricht als erster.

»Wir waren letztes Jahr in eurem Land, und jemand hat uns in eurer Hauptstadt vor den großen Gebäuden der UNO-City fotografiert. Dieses Bild hängt bei uns zu Hause an der Wand. Die Steine der Häuser auf dem Foto haben zu uns gesprochen. Deshalb sind wir jetzt hier. Wir müssen in die Welt gehen und erzählen, daß die Menschen weise sind. Die Weisheit ist ein Geschenk von Mutter Erde, und wir sind ihre Kinder. Wir haben von den Pflanzen und Tieren gelernt, denn sie sprechen zu uns. Wir sind Teil des Universums, und wir kommen von einem weisen Erbe, von dem die Erdvölker schon lange wissen und das uns allen gehört. Die Erde erneuert sich, wir brauchen diese Weisheit, um zu überleben.«

Er gibt den Stab, der sich am oberen Ende gabelt und sich bei näherem Hinsehen als kleines Hirschgeweih entpuppt, an Isabella, die Übersetzerin, weiter.

»Wenn der Talking-Stick jetzt von einem zum anderen wandert, dann wißt, daß jeder von euch eine Perle auf einem kostbaren Halsband ist. Jede Stimme ist wichtig, jede Stimme wird gehört. Ihr, die ihr zuhört, stellt euch vor, daß ihr die Person seid, die spricht, denn nur dann hört ihr wirklich zu. Ho, ich habe gesprochen. Ho gilt in meiner Sprache als Protokoll der Anerkennung, und ich lade euch ein, mit Ho zu antworten.«

»Ho«, klingt es feierlich im Chor.

Es gibt keine unnötige Bewegung im Kreis. Mehr als zwanzig Menschen haben die Konzentration und die Geduld, jedem »Familienmitglied« wirklich aufmerksam zuzuhören. Der Talking-Stick ist wie ein Zauberstab, der alle Worte miteinander verwebt.

Wind Eagle spricht als letzte.

»Ich bin wie eine Gärtnerin, ich habe eine Tasche mit Samen dabei. Und während ich hier mit euch sitze, pflanze ich die Samen – und manchmal wachsen sie. Aber wir alle haben Samen zu geben. Wir reisen durch das Leben und lernen. Wir geben und nehmen und sammeln viele Samen auf unserem Weg. Die Samen, die Rainbow Hawk und ich pflanzen, sind alte Samen. Das Wissen, das sie in sich tragen, gibt es in euch schon lange. Wir sind nur dazu da, um euch zu erinnern.«

Sie gibt ihm den Talking-Stick zurück.

»Es ist wichtig für die Zeremonie, die wir abhalten wollen, offen zu sein«, erklärt Rainbow Hawk, und diesmal sieht er jeden von uns ernst an. »Wir werden euch zu einem Ritual einladen, das wir ›das Begraben der Waffen‹ nennen. Geh übers Land, verbringe Zeit mit Mutter Erde, und stelle dir die Frage: Was hindert mich, in diesem Kreis vollkommen anwesend zu sein. Ist es Angst, sind es Selbstzweifel, oder ist es Sorge? Gibt es etwas, was dich quält? Was ist es, was du in dir verändern möchtest? Wir tragen auf unserer Reise durchs Leben oft Lasten, die uns daran hindern zu feiern. Es sind dieselben Lasten, die es dir schwer machen, jetzt, in diesem Augenblick, hier zu sein. Finde auf deinem Weg durch die Natur ein Symbol für diese Last, und vergrabe sie an einem Platz, der dir Kraft gibt. Das ist der erste Teil der Aufgabe.«

Er macht eine kleine Pause und fährt dann fort.

»Der zweite Teil der Aufgabe ist genauso wichtig. Frage dich: Was ist der Traum für mein Leben, was träume ich für mich selbst, was träume ich für mein Volk, für mein Land? Das Ziel ist, deine Träume wiederzuerwecken. Und dann drücke es in Poesie aus, und kehre in den Kreis zurück.«

O Gott, ein Gedicht, denke ich mir, als ich mich mühsam vom Boden aufrapple, mein Körper ist es nicht gewöhnt, auf der Erde zu sitzen. Langsam löst sich der Kreis um das Lagerfeuer auf. Jede und jeder macht sich still auf den Weg, um die beiden Aufgaben zu erfüllen.

Die kleine Asphaltstraße ist erstaunlich lang für einen Ort, der so wenige Einwohner hat. Links Wald, rechts Wald, aber überall hindern mich Zäune daran, frei durch die Natur zu streifen. Immer wieder stehen kleine Ferienhäuser im Weg. Und als ich versuche, mich über einen der Privatparkplätze ins Unterholz zu schleichen, lande ich auf einem Biomüllhaufen. Ganz schön versperrt, mein Zugang zur Mutter Erde.

Endlich wird die Sicht freier. Rechts von mir lädt mich ein riesiger Brombeerstrauch ein, seine großen Beeren zu pflücken.

»Jetzt, da die Zeit reif ist, ernte ich die Früchte. Für mich selbst und zum Wohle des Ganzen«, sagt es aus mir, und ich bin erstaunt, wie einfach das kleine Gedicht ist.

Vor mir, noch ein Stück in der Ferne, scheint die kleine Straße in einer Blumenwiese zu enden. Gelb, rot, blau locken die farbigen Blüten, und der Wind trägt ihren Duft zu mir. Dort will ich hin und mich einfach ins Gras legen. Doch noch ehe ich diesem ersten Impuls folge, kommt meine innere Kritikerin und macht den Plan zunichte.

»Nein, so einfach kannst du es dir nicht machen. Ein mystischer Platz im Wald muß es sein, einer, an dem man leicht etwas vergraben kann.«

Wie auf mein Kommando tut sich linker Hand ein Waldweg auf. Ich wähle. Unbedacht und ohne darüber nachzudenken. Wie oft im Leben stehen wir an solchen Wegkreuzungen und nehmen uns nicht die Zeit zu reflektieren, daß jede Handlung, und sei sie noch so klein, weitreichende Folgen hat.

Ich bin erst ein paar Meter im Schatten der Bäume gewandert, da höre ich aufgeregte Stimmen. Ein Paar. Jeder der beiden hat sich einen eigenen Pfad gesucht, jetzt streiten sie, welcher der richtige ist. Sie beschimpfen einander, obwohl sie sich durch die dichten Tannen kaum sehen können. Die Luft vibriert von Aggression. Sie sind so in ihren Konflikt vertieft, daß sie auch nicht aufhören, als ich an ihnen vorübergehe. Ich mag die Symbolik nicht, sie ist mir zu vertraut. Die beiden erinnern mich an Zeiten, in denen auch mein Ego größer als meine Liebe war. Nein, im Rücken möchte ich sie nicht haben. Ich suche mir einen Platz zwischen den Heidelbeeren, lege mich auf eine kleine, unbewachsene Stelle und lasse sie einfach vorüberziehen. Ich schließe die Augen, warte auf die ersehnte Ruhe und bitte um Klarheit für mich. Als ich sie wieder öffne, schaue ich in den blauen Himmel, der durch die Seile einer Hochspannungsleitung direkt über mir in zwei Teile zerschnitten wird.

Danke, Botschaft verstanden. So mache ich das immer wieder im Leben. Ich wende mich von der leichten Lösung ab und suche mir unnötige Schwierigkeiten. Ich nehme einen Tannenzapfen von meinem Irrweg als Symbol für das Problem mit, das ich vergraben möchte.

Jetzt kenne ich endlich mein Ziel. Es ist die Blumenwiese. Aber noch bin ich nicht dort, denn wieder wird mir ein Symbol gezeigt.

An der Weggabelung, nach der ich vorher dem Paar begegnet bin, steht jetzt eine Familie. Mutter, zwei Kinder, ein Vater auf dem Motorrad, der offenbar gerade zu ihnen gestoßen ist. Die Stimmung hat nichts mit Urlaubsentspannung zu tun. Die Frau sieht erschöpft und frustriert aus, der Mann läßt eines der beiden Kinder aufsteigen und ist schon wieder weg. Das zweite Kind hängt brüllend und enttäuscht an seiner Mutter, die allein zurückbleibt.

Ich bin so abgelenkt vom fremden Familiendrama, daß ich lange brauche, um wahrzunehmen, daß am Ende des Weges die Blumenwiese aufgetaucht ist! Die harten Zeiten sind vorbei, verschwende keine Energie mehr daran, deine Kinder sind erwachsen und wunderbar, sage ich zu mir selbst und bin endlich angekommen.

Aber wo soll ich hier mein Symbol vergraben? Ich setze mich ins Gras und werde wieder einmal überrascht. Mit einem großen Maulwurfshügel sorgt das Universum dafür, daß ich meinen Tannenzapfen mühelos eingraben kann und mit ihm das Gefühl: »Ich bin nicht richtig, wie ich bin.«

Die Erde ist warm und angenehm, ich lege mich hin und denke an die Welt, wie ich sie mir erträume. Es ist eine Welt, in der alle Menschen darauf vertrauen, daß ihre innere Stimme ihnen den richtigen Weg zeigt. Eine Welt, in der wir in Liebe miteinander und mit den Ressourcen, die uns die Natur schenkt, umgehen lernen.

Mein Gedicht bekommt eine kleine Ergänzung:

> Ich bin richtig, wie ich bin.
> Und jetzt, da die Zeit reif ist,
> ernte ich die Früchte.
> Für mich selbst und zum Wohle des Ganzen.

»Wähle deine Worte wie einen Pfeil, der geradeausfliegt. Vergeude keine Zeit, das hier ist ein Sprechtraining, denn die Welt braucht schnelles Handeln«, sagt Rainbow Hawk, als wir wieder am Lagerfeuer sitzen und jede und jeder von seinem Traum für sich selbst und für die Welt erzählt.

Es sind schöne Träume: von der Einzigartigkeit jedes Individuums, von genug Zeit, die zur Verfügung steht, von Leben in Freude, von der Verbindung der Arbeit mit der Vision des Herzens, von einem Sein ohne Angst, von einer Welt, in der die Technik als kreative Kraft vom Geist durchdrungen wird …

»Ich bin Rainbow Hawk, sagt der alte, weise Mann am Ende der Runde, als der Talking-Stick wieder zu ihm kommt. Und auch ich habe einen Traum. In meinem Traum taucht eine sanfte Hügelkette auf, und jeder der Bäume, die dort wachsen, ist tief in der Erde verankert und streckt sich gleichzeitig in den Himmel. Der Boden ist fruchtbar und bevölkert mit Kindern, die gesund aufwachsen. Ich träume von Kreisen, in denen Menschen sitzen, die Verständnis und Respekt füreinander haben und die einander zuhören. Ho, ich habe gesprochen.«

»Ho.«

Als Wind Eagle von ihrem Traum von gemeinsamem Wachstum, sauberer Luft und sauberem Wasser spricht, kommt der Wind, bläst durchs Feuer und durch ihr langes Haar, als ob er ihren Worten Nachdruck verleihen möchte.

»Wir haben gemeinsam eine Decke von Träumen gewoben, von Träumen, von denen keiner dem anderen widerspricht«, beendet Rainbow Hawk die Nachmittagssitzung. »All diese Träume können jetzt in unserem Verstand und in unserem Herzen wachsen. Durch unser Zuhören haben wir ein Geschenk erschaffen, das von nun an Teil dieser Erde ist. Jedes eurer Worte ist ein Juwel in diesem Teppich.«

Am Abend brennt im großen weißen Tipi ein Feuer. Ich kenne noch immer nicht alle Namen meiner Familienmitglieder, aber das hat keine Bedeutung. Ich sehe die Veränderung in ihren Gesichtern im Schein des Lichts. Offen und weich, bereit, ein Stück des Weges gemeinsam zu gehen. Unsere beiden Lehrer stimmen ein altes Creelied an.

»Um die Energie zu rufen, die sich jetzt um uns kümmern wird«, sagt Wind Eagle.

Währenddessen geht Light Weaver, der im normalen Leben George heißt und aus Paris kommt, mit einem Büschel glimmenden Salbeis von einem zum anderen.

»Salbei ist eine heilige Pflanze, der Atem der Pflanze reinigt die Aura«, erklärt der Assistent der beiden.

Eng an eng sitzen wir auf unseren Decken am Boden und hören Rainbow Hawk zu.

»Wir haben angefangen, miteinander zu träumen, und ich möchte euch jetzt eine Geschichte erzählen, denn das ist die alte Weise, um über menschliche Träume zu sprechen. Vor langer, langer Zeit gab es einen großen Sternenhäuptling. Er hatte eine wunderschöne Tochter, die er Sternenmädchen nannte. Sternenmädchen wuchs heran, und von ihrem Sternenheim aus sah sie in der Leere des Universums einen wunderschönen, blauen Planeten. Der Anblick des Planeten erweckte in ihr ein Gefühl der Sehnsucht und des Mysteriums. Sie fühlte, daß es ihre Bestimmung war, diesen blauen Planeten zu besuchen. Also sprach sie zu ihrem Vater: Vater, ich sehe die große Schönheit dieses blauen Planeten, und ich weiß, daß mein Schicksal dort liegt. Der Sternenhäuptling, der seine Tochter über alles liebte, antwortete: Deine Schönheit ist noch nicht ganz erblüht, und deine Zeit ist noch nicht reif, ich kann dich nicht gehen lassen. Sternenmädchen akzeptierte die Worte ihres Vaters, aber sie hörte nicht auf, den Planeten zu beobachten, und die Sehnsucht in ihrem Herzen wuchs.

Die Zeit verging, sie wurde älter und reifer, und sie ging wieder zu ihrem Vater: Vater, ich muß jetzt gehen, es ist

meine Bestimmung. Und diesmal segnete Sternenhäuptling seine Tochter und schickte sie auf die Reise.

Sternenmädchen reise durch die Dunkelheit und die Leere, und je näher sie dem blauen Planeten kam, um so mehr
erstaunte sie seine Schönheit und füllte ihr Herz mit Liebe.
Und als sie den Planeten umkreiste, bevor sie landete, sah
sie die Schönheit der Ozeane, des Landes, der blühenden
Pflanzen, des Waldes, der Tiere, und sie sah die Weisheit
der Sterne in allem. Auch in den Zweibeinern sah sie die
Weisheit, aber die Menschen erinnerten sich nicht daran.
Und sie fühlte ihre Mission, die Weisheit der Sterne in
ihnen zu erwecken.

Eines Tages traf sie einen Krieger. Er war gutaussehend und
edel, und er trug das Versprechen von Schönheit in sich.
Aber auch er war noch nicht zur Weisheit erwacht. Sternenmädchen verliebte sich trotzdem in ihn und er in sie,
und sie wurden glücklich miteinander.

Nach einiger Zeit gebar sie ihm eine Tochter, die zu einem
wunderschönen Mädchen heranwuchs. Als die Zeit reif

Ritual im Tippi

war, begann ihre Mutter, sie die Weisheit der Sterne zu lehren. Und als sie ihre Lehren beendet hatte, erreichte sie der Ruf ihres Vaters, des Sternenhäuptlings: Es ist Zeit zurückzukehren, denn deine Heimat ist in den Sternen. Und schweren Herzens sprach Sternenmädchen mit ihrem Mann und ihrer Tochter und kehrte zurück in ihre Heimat. Aber sie wußte, daß ihre Tochter das Wissen der Sterne auf dem blauen Planeten verbreiten wird.«

Rainbow Hawk schweigt lange, bevor er weiterspricht.

»Und das sind die acht Fragen, die Sternenmädchen den Menschen stellte und die jeder von euch für sich beantworten sollte:

1. Was ist mein Traum von mir selbst?

2. Was habe ich hier zu lernen?

3. Wie choreographiere ich meine Energien, und wie setze ich sie ein?

4. Was ist mein gegenwärtiges Konzept von mir selbst?

5. Was schreit danach, von meinem Geist, von meinem höheren Selbst ausgedrückt zu werden?

6. Was sind die verschiedenen Wege, um die Neugierde auf das Abenteuer in meinem Leben zu erwecken?

7. In welchem Verhältnis, in welcher Balance stehen die verschiedenen Territorien, die Bereiche in meinem Leben zueinander?

8. Was sagt mir die Klarheit meines Herzens? Was ist mein nächster Schritt?«

Noch ehe ich mir Gedanken machen kann, was diese Fragen in meinem Leben bedeuten, steht Rainbow Hawk auf, wirft ein Holzscheit ins Feuer und zündet die Kerzen an, die rund um den Feuerplatz aufgestellt sind.

»Morgen werden wir in die Natur gehen und mit diesen Fragen arbeiten, heute abend wollen wir euch noch von den acht Gesetzen des Kreises erzählen.«

Er geht nicht mehr an seinen Platz an der Seite seiner Frau zurück, sondern bildet jetzt eine Achse zu ihr, indem er sich am Eingang des Tipis hinsetzt, so als ob er ihr jetzt die Bühne überlassen wollte.

»Der Kreis des Gesetzes«, fährt Wind Eagle fort, »sind Energien, Intelligenzen in unserem Leben, die die Grundlage unseres Handelns sein sollten.

Ich fange im Osten an.

Stell dir vor, die Sonne geht auf, und ihre Strahlen lassen die Kraft deiner Kreativität erwachen. Das ist die Energie der Schöpfung, der aufgehenden Sonne. In diesem Moment des Morgens bist du noch voller Einsichten und Inspiration und voller Poesie aus den Botschaften der Nacht. Es scheint, daß du Teil von allem bist und alles in dir trägst und mühelos Neues erschaffst. Mit der Kraft des Träumens beginnt die Manifestation. Im Osten geht es um Freiheit und Kreativität.

Im Südosten findest du die Intelligenz der Wahrnehmung. Stell dir vor, daß du am Fuße eines Baumes sitzt, dein Rücken ist durch den Stamm wunderbar abgestützt. Du kommst tiefer und tiefer in die Stille, und du öffnest deine Sinne. Du riechst, du siehst und wirst dir der Energien bewußt, die innerhalb und außerhalb deiner selbst tanzen. Du lernst tief wahrzunehmen, nicht nur dich selbst, sondern alles, was dich umgibt. Und so gehst du durch den Schleier dessen, was wir an der Oberfläche als Realität wahrnehmen, und entdeckst die Einheit und das Heilige in allen Dingen. Der Südosten ist der Platz der Gegenwart und der Wahrnehmung.«

Wind Eagle legt in ihre Stimme noch mehr Gefühl, als sie langsam und deutlich weiterspricht, damit kein Wort von den Gesetzen, die in den alten Tagen schon heilig waren, verlorengeht.

»Der Süden steht für die Intelligenz der Emotion. Stell dir vor, du stehst an einem großen Wasserfall von riesiger Kraft. Denke an die vielen verschiedenen Formen von Wasser: Regen, Flüsse, Meere, Flut und Ebbe, stilles Wasser, wildes Wasser. Das Wasser ist kraftvoll und weich zugleich. Wir können unsere Emotionen so fein einstellen, daß wir alle Gefahren wahrnehmen und zugleich die unglaubliche Kraft des Wassers zur Verfügung haben. Hier geht es um Kraft und um das Erkennen von Gefahr. Im Südwesten begegnest du der Intelligenz des Wegfinders. Stell dir vor, du bist in einem tiefen Wald, an einem Ort, an dem du nie zuvor gewesen bist. Die Bäume wachsen so dicht beieinander, daß du die Übersicht verlierst. Plötzlich teilt sich der Weg, und viele Pfade werden sichtbar. Und du mußt den finden, der für dich richtig ist. Dabei hilft dir nur der Weg nach innen. Du erschaffst das Bild von dem, was du willst, deine Absicht, und erweckst die Energie der Erinnerung. Und so kannst du dein Ziel, deine Richtung finden.«

Wind Eagle führt uns mühelos in jede dieser Landschaften, die sie beschreibt. Wie eine Märchenerzählerin wandert sie mit uns durch diese Welt der Energien und macht sie auf spielerische Weise verständlich.

»Im Westen geht es um die Intelligenz der Erhaltung. Stell dir das Bild des blauen Planeten vor, so wie Sternenmädchen ihn sah, als sie sich der Erde näherte. Die Erde gibt dir alles, was du brauchst, was dich am Leben erhält: Luft, Wasser, Nahrung. Die Energie der Erhaltung schafft die Grundlagen des Lebens beständig neu, denn immer wieder führt sie alles in eine große Quelle zurück. An diesem Platz geht es nicht nur um Erhaltung, sondern auch um Gleichgewicht.«

Als Wind Eagle an dieser Stelle eine kleine Pause macht, ist es ganz still im Tipi, selbst die Kinder von Balthasar, Jutta und Eva sitzen aufmerksam in der Runde. Manchmal höre ich aus der Dunkelheit ein leises Klicken und weiß, daß Manfred den erleuchteten Lichtkegel, in dem wir sitzen, vorsichtig von draußen fotografiert. Niemand fühlt sich gestört, denn Rainbow Hawk hat meinen Kollegen mit einem einzigen Satz in unsere Familie aufgenommen: »Das ist unser Bruder Manfred, der heute abend hier seine Arbeit tun möchte.«

»Der Nordwesten zeigt uns die Intelligenz der Vorhersehung«, setzt Wind Eagle fort, und wieder verändert sich der Ton in ihrer Stimme, so als ob sie ihre Worte noch eine Spur eindringlicher setzt, damit uns nichts von dem entgeht, was für ihr Volk so wichtig ist.

»Stell dir ein großes Spinnennetz vor und fühle, wie es die Verbundenheit aller Dinge auf diesem Planeten ausdrückt. Jede Bewegung an einem Punkt erzeugt Resultate an anderen Punkten. Die Energie des Verständnisses von Ursache und Wirkung gestattet uns, diesen Zusammenhang zu sehen und Dinge vorauszusehen, die erst kommen werden. An diesem Platz geht es um Zeitenabfolge und Verbundenheit.«

Ich merke, wie ich immer weiter aus meiner alltäglichen Realität drifte. Mein Körper, der mir am Anfang des Tages noch steif und unpassend erschien, hat sich inzwischen vollkommen entspannt. Ich habe keine Wünsche. Weder im Augenblick noch für die Zukunft. Ich bin einfach hier, in dieser wohligen Wärme.

»Der Norden steht für die Intelligenz der Entscheidung«, spricht Wind Eagle weiter, und Light Weaver steht auf und legt noch ein Holzscheit nach.

»Stell dir einen weißen Tiger auf der Jagd vor. Er ist gerade stehengeblieben und schaut dir in die Augen. Du fühlst diese unglaubliche Kraft des Handelns, des Zupackens, des Nehmens, was gebraucht wird, und der bewußten Bewegung. Du spürst diese Energie der Entscheidung, aus der Kraft des Herzens zu handeln, mit dem Geist deines Herzens. Der Norden ist der Platz der Klarheit, des bewußten Äußerns unserer Intention.

Im Nordosten finden wir die Intelligenz von Energhia, es ist die Fähigkeit, alle anderen sieben Energien zu dirigieren und diejenige auszuwählen, die jetzt notwendig ist.

Stell dir die Kraft der Wolke vor, die Blitz und Donner trägt. Ein großes Potential baut sich auf, um sich plötzlich zu entladen – der Blitz schlägt ein. Eine Energieform verwandelt sich in die andere. Die Energieintelligenz erlaubt uns, die Formen unserer Energie in der Geschwindigkeit des Blitzes zu verändern. Mit unserem Sein auf das zu antworten, was sich in diesem Augenblick zeigt. Die Eigenschaften sind Integrität und Vitalität.

Und jetzt lade ich euch ein, gute Träume zu haben. Erlaubt Mutter Erde, mit euch zu sprechen. Und wenn ihr hinaus-

Das Feuer spricht zu uns

geht, verläßt das Tipi im Uhrzeigersinn, denn das ist eine gute Art, die Energie zu achten.«

An diesem Abend wird nicht mehr viel geredet. Die meisten bleiben still sitzen, bis das Feuer niedergebrannt ist. Draußen vor dem Zelt ist es inzwischen kalt geworden. Ich wickle mich in meine Decke wie eine alte Indianerin und mache mich auf den Weg in mein Bett in einer kleinen Pension in der Nähe. Ich wollte nicht im großen Tipi schlafen. Zu viele Menschen, zu laut, zu kalt, zu hart …

Wer an der falschen Stelle etwas Besonderes will, muß dafür bezahlen. Die Matratze in der Pension ist steinhart und hat in der Mitte eine unangenehme Mulde, als ob der Wirt nur einen Strohsack hineingelegt hätte. In der Nacht kommen die Menschen zu mir, obwohl ich allein bin. Sie feiern im Zimmer über mir ein Fest, und jedes Mal, wenn einer die Klospülung zieht, rauscht die Pisse oder die Scheiße mit Dröhnen durch meinen Kopf. Mutter Erde zeigt mir ausführlich, was sie davon hält, daß ich mich ihr nicht anvertrauen wollte. Sie scheint mir zu sagen, daß man nicht über ein Volk schreiben darf, wenn man nicht bereit ist, seine Gewohnheiten zu teilen.

»Wo warst du?« fragt mich in der Früh eine meiner neuen Schwestern. »Ich habe dich im Zelt vermißt, es war ein tiefes Erlebnis, eine wundervolle Nacht.«

Gottseidank ist wieder Tag.

Wind Eagle zeigt uns, wie ihr Volk den Morgen begrüßt. Sie tanzt in ihrem blauen, langen Kleid in fließenden Bewegungen den »Tslagi«, der mich ein bißchen an Tai-Chi erinnert.

»Dieser Tanz kommt aus dem heiligen Wissen der Cherokees«, sagt sie. »Es ist ein Tanzgebet, das dich zentrieren und balancieren soll. Ein Geben und Nehmen in alle vier

Himmelsrichtungen, nach unten und nach oben. Ursprünglich durfte er nur von den Medizinfrauen und Medizinmännern verwendet werden. Doch eines Tages entschieden sie, daß es ein Gebet ist, das von allen gebraucht wird. Also tanze diesen Tanz mit dem Bewußtsein, daß du mit allem verbunden bist. Er soll dich daran erinnern, daß du auch für die Balance der Erde verantwortlich bist.«

Sie bittet uns, ihren Bewegungen zu folgen.

»Es sind Bewegungen des Herzens, und deshalb beginnen wir immer auf der linken Seite.«

Geduldig wiederholt sie jede einzelne Sequenz so lange, bis wir den Ablauf verstanden haben. Mit einer weit ausholenden Bewegung breiten wir unsere Arme wie Flügel aus und wenden uns in einer genau festgelegten Choreographie an Mutter Erde, an Vater Himmel und an die vier Himmelsrichtungen. Wir geben, wir nehmen, wir öffnen und schließen uns wieder. Still und wie in einem andächtig ausgeführten Ballett atmen wir gemeinsam in den Morgen hinein und fühlen uns verbunden.

»Wir gehen jetzt in die Natur«, Rainbow Hawk sagt es, und man merkt, daß er nicht daran gewöhnt ist, in Städten zu leben, denn für mich ist dieses Bauernhaus inmitten der Wiesen schon sehr Natur.

Der Zirbitzkogel, nicht mehr als eine Viertelstunde von hier entfernt, ist ein vielfältiger Berg. Er bietet breite, gemütliche Almen, schmale Pfade, steile Stege und große Felsbrocken, auf denen man sitzen kann. Eine kleine Karawane zieht über seinen Rücken auf der Suche nach einem geeigneten Lagerplatz.

»Wir sind da«, sagt Rainbow Hawk nach einer halben Stunde, so als ob wir in unserem Wohnzimmer angelangt wären. Weiches Moos, schattenspendende Bäume, ein paar

Steine, mit denen wir die acht Himmelsrichtungen im Kreis bezeichnen.

»Setzt euch in euren Clans zusammen«, bittet uns Wind Eagle.

Keiner der Teilnehmer hat Mühe, sich zu erinnern, welche der Aufgaben er übernommen hat, die wir uns vor der Abfahrt aus dem Kreis der acht Gesetze ausgesucht hatten. Wir drei Frauen, Jutta, Eva und ich, sind für das Gesetz der Energie zuständig und finden uns sofort hinter dem Stein, den wir dafür auswählen, zusammen. Ich spüre, was es bedeutet, einem Clan anzugehören, einer Gruppe von Menschen, die eine Aufgabe verbindet.

»Gestern haben wir einander unsere kollektiven Träume für die Gemeinschaft erzählt, heute wollen wir uns mit einigen Fragen des Sternenmädchenrades beschäftigen. Findet wieder einen Platz in der Natur und fragt euch: Was ist mein Traum von mir selbst, und was soll ich hier auf der Welt lernen. Diese beiden Fragen gelten dem heiligen Individuum. Und dann kehrt zurück in euren Clan und sprecht darüber. Die Frage des Sternenmädchens an die Gemeinschaft lautet: Was müssen wir als Volk lernen, damit wir unsere kollektiven Träume erfüllen können. Gebt vier einfache Empfehlungen ab. Nehmt euch eine halbe Stunde Zeit für die individuelle Frage und noch eine halbe Stunde für die kollektive Frage.«

»Das ist zuwenig«, beschwert sich Franz, der die beiden nach Österreich gebracht hat und eine Sonderstellung genießt.

»Das ist richtig und falsch zugleich«, antwortet ihm Rainbow Hawk und lächelt freundlich. »Wir sind hier zusammengekommen, um präzise denken und sprechen zu lernen. Das ist für unser Überleben wichtig, die Erde hat nicht mehr viel Zeit.«

Es entsteht keine Hektik, als fünfundzwanzig Menschen aufstehen und sich aufmachen, um »ihren« Platz in der Natur zu finden. Ich sehe sofort einen einladenden Baum, der auf einem kleinen Hügel direkt am Wegrand steht. Ich setze mich hin und schaue den Berg hinunter auf den Pfad, auf dem wir hergekommen sind.

Ich blicke zurück in die Vergangenheit, ist mein erster Gedanke, und ich bin nicht mehr sicher, ob ich tatsächlich an »meinem« Platz gelandet bin.

In diesem Augenblick kommt eine Frau vorbei und ruft mir von unten zu: »Das ist schön da oben, hier wollte ich mich eigentlich hinsetzen.«

Ich stehe sofort auf: »Es ist dein Platz, komm her.«

Mein neuer Blick geht in die Zukunft. Ich lehne bequem an einem Felsbrocken und sehe vor mir den Gipfel des Zirbitzkogels und viel, viel blauen Himmel. Ich weiß sofort, was mein Traum ist. Er hat in wenigen Sätzen Platz: Ich bin mit dem Universum verbunden. Mit meinen Träumen, mit meinen Gefühlen, mit meinen Gedanken und mit meinen Handlungen. Und ich bin hier auf dieser Welt, um zu lernen, daß meine Träume Realität sind.

Mehr ist nicht zu tun und nicht zu sagen. Ich gehe ein Stück weiter und finde einen »Liegestein«. Mir bleibt noch eine Viertelstunde Zeit, um mein Vertrauen in die »traumhafte Realität« zu genießen.

Mit einem kräftigen Trommelschlag holt uns Rainbow Hawk wieder zurück zu unserem Lager.

Noch eine halbe Stunde Beratungszeit der Gruppen für die Empfehlungen an die Gemeinschaft. Inzwischen sind wir zu sechst, weil sich jeweils zwei Himmelsrichtungen zusammentun. Und schon brechen Konflikte auf. Männer gegen Frauen. Wir mögen dasselbe meinen, aber unsere Sprache ist so verschieden, daß wir fast die Zeit überziehen

in unserem Streit, welche Form von Liebe der Gemeinschaft dienen kann. Wie im echten Leben.

Aber als dann Jutta, die Sprecherin unserer Gruppe, auf-
steht, um unsere Beratungsergebnisse zu präsentieren, sind
wir in Würde dabei und haben gerade noch rechtzeitig
unser Kriegsbeil begraben.

»Das Wissen, daß wir ein Teil des Universums sind, ist
notwendig für unser Volk. Wir brauchen direkte, ehrliche
Kommunikation und direkte, ehrliche Handlungen. Wir
brauchen Freude und Begeisterung in unserem Leben. Wir
brauchen Liebe für uns selbst und für das Ganze.«

Vier Ratschläge gibt jeder Clan, was ein Volk braucht, um
seine Visionen zu erfüllen, und alle sind verschieden.
Und wieder webt die Gemeinschaft einen dichten Teppich,
in dem keine Empfehlung der anderen widerspricht. Es
geht um Erkenntnis, Genuß, Offenheit, nährenden Austausch, Weitergeben, Teilen, Loslassen und vieles andere
mehr.

Am Ende sind wir alle reich beschenkt mit Gedanken, die
unser Bewußtsein erweitern, selbst wenn sie uns vielleicht
im Alltag zum Teil wieder verlorengehen werden.

Es ist ein Tag in der Natur, an dem vieles möglich wird.
Verbindung mit anderen, Stille für jeden einzelnen, Refle-
xion über Fragen des Sternenmädchens, Gelächter und
Spaß, Essen in Gemeinschaft. Und als wir am Abend den
Weg nach Hause antreten, gibt uns Wind Eagle unsere
letzte Aufgabe für heute mit.

»Geht jeder für sich, und beschäftigt euch mit der Frage:
Wer bin ich jetzt in meinem Leben. Wie sehe ich mich
jetzt.«

Wind Eagle hat kaum fertig gesprochen, da tritt sofort
meine Kritikerin auf den Plan und wirft mir vor, daß ich
mich erschöpfe, daß ich mich mit Eindrücken überlade,

daß ich mit meinen Energien nicht haushalte. In Sekundenschnelle ist das ganze Register meiner Sünden aufgezählt.

»Und schau auf dich mit Anerkennung und Mitgefühl, schau auf das, was du schon erreicht hast, und dann schau voraus auf deinen Traum, auf deine Vision von dir selbst. Und wisse, daß du perfekt bist und daß du in deiner Perfektion auf deiner Reise zu deinem Traum bist. Und es gibt nur eine Regel für diese Zeit jetzt: keine Verurteilungen.«

Im Kreis, mir genau gegenüber, steht Eva, und ich sehe, wie ihr die Tränen in die Augen schießen. Ich weiß sofort, daß auch sie ihrer Kritikerin begegnet ist, und lächle ihr verständnisvoll zu.

Später, als wir am Fuß des Zirbitzkogels auf einer Wiese liegen, finden Eva und ich zusammen. Unsere Gemeinsamkeit ist uns klar: Wir verurteilen uns schneller, als daß wir uns für das wertschätzen, was wir schon geleistet haben.

Es tut gut, mich so ehrlich mit dieser fremden, vertrauten Frau auszutauschen.

Das Lagerfeuer brennt wieder vor dem alten Haus, in dem schon Balthasars Vorfahren gewohnt haben. Ein langer Tag geht zu Ende. Der Geist des Grundstücks wird mit Zirbenschnaps geehrt, von dem wir alle einen Schluck nehmen.

»Das mögen die Geister, die hier wohnen«, sagt Jutta und spuckt in jede Himmelsrichtung einen großen Schluck.

So hat jedes Volk seine eigenen Rituale.

Wir reichen uns ein letztes Mal die Hände, bevor die Nacht kommt, und ich verabschiede mich von meinen neuen Schwestern und Brüdern.

»Im Herzen bleibe ich bei euch«, sage ich und weiß, daß es in diesem Augenblick die Wahrheit ist.

Auch wenn meine Reise morgen woanders hingeht.

Im Wirtshaus des Ortes sitzen die Menschen und reden. Manche berichten, daß sie hinterm Zaun gestanden hätten und gern dabeigewesen wären. Andere sind es nicht gewöhnt, »Fremde« in ihr geordnetes Leben hineinzulassen. »Langhaarige haben bei uns keinen Platz«, sagt einer und meint Rainbow Hawk, den weisen, alten Lehrer.

Ein Kind fragt: »Fressen Indianer noch immer Menschen?«

Und es fehlen Eltern, die ernsthaft widersprechen.

Und weil das so ist, habe ich Eva, Jutta und Balthasar gebeten, den Teppich, den ich angefangen habe zu weben, noch ein Stück weiterzuweben. Denn es gab einen nächsten Tag, auch wenn ich nach Hause fahren mußte. Und das, was geschah, ist wert überliefert zu werden, damit noch mehr Menschen am Feuer sitzen und sich wie Schwestern und Brüder fühlen können.

Ho, ich habe gesprochen.

Das folgende ist die Geschichte, so wie sie mir berichtet wurde. Ich habe aus den Erzählungen meiner drei Freunde einen Teppich gewoben, in dem die Farben dieses Tages, an dem ich nicht mehr dabeisein konnte, bunt miteinander verknüpft sind.

Es ist wieder Tag. Ein Tag, an dem es regnet und die Natur uns zeigt, daß wir immer willkommen sind. Sie möchte nicht warten, bis die Sonne scheint, damit wir unsere Fragen an sie stellen.

Wind Eagle und Rainbow Hawk kommen mit Ponchos in wunderbaren Farben und einer neuen Aufgabe für uns.

»Es war einmal ein Volk«, sagt Rainbow Hawk. »Und dieses Volk hatte eine Frage. Sie suchten eine Antwort und fanden sie. Von da an waren sie versklavt. Es war einmal ein Volk, es hatte eine Frage. Es nahm sie mit und bewahrte sie im Herzen. Dieses Volk war frei.

Geh jetzt in den Wald, und bleibe eine Stunde mit deiner Frage allein, und sei aufmerksam. Schau alles, was du siehst, mit den Augen deiner Frage an, und du wirst sehen, jeder Busch, jede Blume, jedes Tier, alles was dir begegnet, gibt dir eine Antwort. Und wenn du verstehst, daß es viele Antworten gibt, dann bist auch du frei. Dann kannst du alles in deinem Leben von verschiedenen Standpunkten aus betrachten.«

Wind Eagle erhebt jetzt ihre Stimme, und sie ist laut, denn der Regen, der der Natur Nahrung gibt, rauscht durch die Bäume.

»Die erste Frage lautet: Was schreit danach, von deinem Geist, von deinem höheren Selbst ausgedrückt zu werden. Die zweite Frage lautet: Was erweckt deine Neugierde auf das Abenteuer deines Lebens.

Stell dir jetzt vor, daß du einen Partner hast. Du wachst auf und bist neugierig, was du heute Neues an ihm entdecken kannst. Und stell dir Kinder vor, die spielen. Sie hören nicht auf, neugierig zu sein. Sie forschen, sie stellen Fragen, sie suchen und finden immer neue Abenteuer. Und jetzt stell dir nur für eine Minute vor, daß es auf der Welt keine Neugierde mehr gäbe.«

Die Vorstellung senkt sich wie eine Wolke auf die Menschen in ihren Regenmänteln, und plötzlich ist alles tot. Die Lebensfreude abgestorben, das Abenteuer begraben.

Wind Eagle schüttelt die Regentropfen von ihrem Poncho, die Minute ist vorbei, der Bann ist gebrochen, das Abenteuer beginnt.

Balthasar: »Ich bemerkte, als ich mich auf die Suche nach einer Antwort machte, aus den Augenwinkeln eine Tanne mit vielen Ästen. Sie war so hoch, daß ich ihren Wipfel nicht sehen konnte. Ich wußte, daß ich so weit hinaufsteigen muß, bis ich nicht mehr nach unten sehen kann. Es war wie ein Rausch. Ich kletterte und kletterte, und dann sah ich zum ersten Mal über die anderen Bäume hinweg den Horizont. Ich spürte, wie der Wind den Baum bewegt, und ich war so stolz und glücklich wie schon lange nicht mehr. Ich mußte noch weiter hinauf, so hoch, bis ich den Zirbitzkogel sehen konnte und daran dachte, daß wir gestern unsere Fragen an diesen Berg gerichtet hatten.

Meine Antwort war für mich klar: Ich folge meinen Impulsen und lasse die Bewegung in mir zu. Und plötzlich kam die Erinnerung zurück, daß ich als Kind schon sagte: Wenn ich einmal groß bin, dann werde ich von Beruf Bäumekletterer.«

Jutta: »Ich konnte Balthasar nicht sehen, aber ich hörte seinen Freudenschrei, und das war schön für mich. Ich saß ganz ruhig am Fuß eines Baums und sah zwei Rotkehlchen zu, die miteinander turtelten. Ich wußte, daß meine Neugierde auf das Abenteuer des Lebens in der Natur geweckt wird, und fühlte mich mit allem verbunden. Ich spürte meine Sehnsucht wieder: Ich möchte einen Garten.«

Eva: »Ich hockte auf einem Baumstumpf, die Regenkapuze tief in die Augen gezogen, und lehnte mich an die Tanne hinter mir. Ich saß da wie auf einem Thron, und irgendwann spürte ich, daß ich mehr von der Natur sehen will. Ich ließ meine Kapuze nach hinten fallen und genoß, daß der Regen auf mein Gesicht und auf meine Haare fiel. Ich fing an, die Bäume zu beobachten, und verstand, daß die Neugierde der Motor in meinem Leben ist. Daß es gut für mich ist, so neugierig wie ein Kind zu sein, das immer neue Dinge erforscht und sich dadurch weiterentwickelt. Wenn ich nicht mehr neugierig bin, dann erstarre ich, bleibe stehen und warte nur noch auf den Tod.«

Schwester Baum, Bruder Baum

Es ist ein Stück Weges zu gehen, vom Wald zurück auf das Grundstück. Und weil die Neugierde geweckt ist, werden Fragen gestellt.

»Was geschieht, wenn ihr ein Seminar an einem Ort abhaltet, wo es keine Feuerstelle gibt?«

»Das ist kein Problem«, antwortet Rainbow Hawk, und man merkt an seinem breiten Lächeln, daß ihm die Frage Spaß macht. »Wir hatten vor kurzem ein Seminar im Ballsaal eines großen Hotels. Wir haben einfach ein Tipi aufgestellt, Steine mitgebracht und sie im Kreis gelegt. Das Symbol für das Feuer war ein Knäuel aus rotem Seidenpapier.«

»Und was, wenn ihr im Restaurant seid und keinen Talking-Stick mitgebracht habt?«

Wind Eagle ist keine Sekunde um eine Antwort verlegen: »Dann nehmen wir eine Gabel. Und wenn das Essen kommt, dann wandert sie in den Mund, und später verwandelt sie sich mühelos wieder in einen Talking-Stick.«

Niemand beschwert sich über nasse Kleider und Schuhe, über kaltgefrorene Hände und Zehen, als wir zum Haus zurückkommen. Es gibt Punsch im Tipi und eine indianische Ratssitzung, in der eine Frage aus der Runde beantwortet werden soll.

»Ich habe im Wald keine Antwort gefunden«, sagt eine Frau. »Ich weiß noch immer nicht, wie ich meine Neugierde auf das Abenteuer des Lebens wecken kann.«

Die Gruppe erklärt sich einverstanden, ihr Problem von allen Seiten zu beleuchten.

»Trefft euch in euren Clans, so wie gestern, und findet mindestens zwei Antworten auf diese Frage, bezogen auf die Energien, für die euer Clan zuständig ist.«

Es ist später Nachmittag und ein feierlicher Augenblick, als alle Clans, einer nach dem anderen, ihre Ratschläge auf diese eine Frage präsentieren. Es gibt keine hitzigen Diskussionen, was richtig oder falsch ist, keine Bewertungen. Jede Antwort ist gültig und steht für sich. Die Fülle der Möglichkeiten, diesem Problem zu begegnen, ist so überwältigend, daß wir uns am Ende der Sitzung alle reich beschenkt fühlen.

»Um deine Neugierde zu erwecken«, fängt ein Mann aus einer der Gruppen an zu sprechen, und die anderen setzen fort: »Um deine Neugier zu wecken, ist es wichtig, daß du

- die Kraft deines inneren Feuers nährst,
- spielerisch Neues ausprobierst und den Irrtum willkommen heißt,
- die Angst zuläßt,
- die Grenzen sprengst,
- ein Risiko eingehst,
- mit der Kraft spielst,
- Lust gewinnst,
- das Ungewisse wagst,
- von den Tieren, den Kindern und den Elementen lernst,
- jeden Tag so gestaltest, daß es ein guter Tag zum Sterben ist.«

»Diese Reise ist jetzt beendet«, sagt Rainbow Hawk und gibt ein letztes Mal den Talking-Stick an Wind Eagle weiter. »Und die nächste Reise beginnt. Ho!«

Und weil die beiden im 21. Jahrhundert leben, fahren sie ganz normal mit ihrem Auto weg. Aber sie winken aus dem Fenster und singen aus voller Kehle ein Lied, in dem es darum geht, daß etwas Altes endet und etwas Neues anfängt.

Von einem See, der Antworten auf alle Fragen gibt

Ein kleiner rechteckiger Raum. Ein Tisch, drei Holzstühle, einer davon ist rot.

»Der ist für dich«, sagt Habiba.

Und ich spüre, wie mein Magen einen kleinen Sprung macht. Wie in der Schule vor einer Prüfung.

»Es ist Zeit, daß du entscheidest, wo in der Natur du eine Antwort auf deine Frage finden willst«, ergänzt Hans-Peter und setzt sich mir gegenüber. »An einem Fluß, in den Bergen oder auf dem See, du hast die Wahl. Jeder Raum hat seine eigenen Qualitäten, egal, ob es sich um eine Zimmerecke oder um einen Felsen an einem Wasserfall handelt. Es ist wichtig, sich dessen bewußt zu sein. Denn ob du Land oder Wasser wählst, die Erfahrungen, die du machen wirst, werden sehr verschieden sein. Die Energie der Erde zum Beispiel bedeutet Festigkeit, Halt, aber auch Härte. Fruchtbarkeit, Lebensgrundlage und Sicherheit gehören zu ihren Funktionen. Sie zieht uns an, gibt uns durch das Gesetz der Gravitation Gewicht und schenkt uns den Zyklus von Leben und Sterben. Sie trägt aber auch die Kraft der Erstarrung zur Salzsäule in sich. Man kann geerdet sein, mit beiden Füßen fest auf der Erde stehen, aber auch hart wie Stein werden.«

»Das Wasser ...«, sagt Habiba, und man merkt, daß die beiden ein gut eingespieltes Team mit einer eigenen Choreographie sind, »das Wasser hat ebenfalls viele Bedeutungen. Man kann im Meer der Gefühle ertrinken oder gegen den Strom schwimmen, in einen Strudel geraten, und steter

Tropfen höhlt den Stein … Wer Wasser hört, denkt an Frische, Klarheit und Reinigung, aber auch an verschlingende Wellen, an tosende Flüsse, an die Kraft des Wassers, das sich seinen Weg sucht und selbst Felsen entzweit. Wasser ist Spiel und Verführung, ist Tiefe und Schönheit. Die Liebe fließen lassen, sagt man, und auch die Tränen der Trauer und der Freude.«

Ich befinde mich in der »Wildnisschule Schweiz« auf einer Anhöhe über Rorschach, nur zwanzig Minuten von der österreichischen Grenze entfernt. Hier kommen Menschen her, die daran interessiert sind, Erfahrungen jenseits des Gewohnten, Vertrauten zu machen. Es ist ein Platz, an dem die Elemente Erde und Wasser scheinbar zum Fenster hereinwachsen.

Ganz nah, aber doch seltsam fremd, baut sich vor mir wie eine Welle aus Gras ein Nordhang mit Büschen auf. Hinter mir, auf der anderen Seite des Hauses, liegt unten im Tal – durch große Fenster in den Raum geholt – der Bodensee, auf den ein Panoramafenster den Blick freigibt. Hans-Peter, Habiba und ein ganzes Team von Trainern beziehen die Natur in ihre Persönlichkeitsschulungen ein.

Bei »Wasser« weiß ich sofort, daß es die richtige Entscheidung ist. Am Bodensee war ich zu Hause, als ich noch ein Kind war. Wenn Anfang Mai das Bregenzer Strandbad geöffnet wurde, gehörte ich zu den ersten Gästen, und Ende Oktober bettelte ich darum, noch länger bleiben zu dürfen. Wenigstens so lange, bis die Putzmannschaft das Kinderplanschbecken und die Umkleidekabinen gereinigt hatte und die Tore endgültig versperrt wurden.

Ich habe meine Hausaufgaben auf den Holzbänken geschrieben, mich zu Hause kaum gewaschen, weil ich ohnehin ständig im Wasser war, mir, wenn es regnete, mit meinen Freunden im überdachten Eingang aus Luftmatratzen ein Haus gebaut und mein Essen mitgebracht. Am Wochenende, wenn die Eltern Zeit hatten, kamen sie mit einer großen Kühltasche voller Köstlichkeiten: panierte Schnitzel, Kartoffelsalat, Apfelkuchen und Himbeersaft.

Nein, es wäre mir vorher nicht eingefallen, den Bodensee als Ort der Kraft zu verstehen. Aber wenn ein Buch seinen eigenen Weg geht, dann führt es einem manchmal Menschen zu, die den Blick weit machen, damit die Sicht auf Wesentliches nicht durch die eigene Enge versperrt wird.

»Kennst du aus deiner Kindheit einen Platz, der dir wichtig war?« fragt Habiba in meine Gedanken hinein, und wieder gilt meine Erinnerung dem See.

Die Muttergottes in Bildstein war mir nahe, weil meine Mutter und meine Großmutter mich zu ihren Wallfahrten mitnahmen. Aber wenn ich mich einsam fühlte, dann gab es für mich nur einen Ort, an dem ich mich trösten konnte. Ich sehe mich unter der großen Trauerweide am Wasser sitzen. Ich bin erst acht Jahre alt und weiß nicht, woher das sichere Wissen kommt. Aber ich spüre mit einer Mischung aus Aufregung und Schmerz, daß ich von hier weggehen werde. Nicht jetzt, aber später, wenn ich erwachsen sein werde. Jetzt bin ich noch für meinen Bruder verantwortlich, der gerade geboren wurde. Meine Eltern müssen viel arbeiten, der Krieg hat alles zerstört. Die anderen Kinder toben im Schwimmbad herum, spielen Wasserball und »Pfohläugla«, ein Spiel bei dem man sich hinter den Pfählen des Stegs versteckt.

Ich schaue ihnen mit dem Baby im Arm von weitem zu. Ich muß warten, bis mich jemand ablösen kommt, bis mein »Kinderdienst« zu Ende ist. Und wie ich da so sitze, träume ich und lasse mich vom Wind, der die langen Äste der Weide durchs Wasser zieht, in fremde Länder tragen. Das Thema für meine Reise, die mich mit Habiba und

Hans-Peter in die Natur führen wird, ist meine Erschöpfung. Ich möchte verstehen, warum ich mich oft überfordere, und weiß plötzlich, daß dieses Gefühl von Überforderung sehr alt ist.

Die beiden Leiter der Wildnisschule hören nur zu, während ich erzähle, und schlagen mir dann vor, eine »ruhige« Reise zu machen, bei der ich einfach auf Zeichen achten soll, auf die Antwort, die mir die Natur auf meine Frage gibt.

»Wir werden für dich auf dem See einen Rahmen schaffen, eine Art rituellen Raum, in dem du dich sicher fühlen kannst«, sagt Hans-Peter. »Und irgendwann, wenn der Zeitpunkt richtig ist, kannst du an Land gehen und dort deine Erfahrungen machen.«

»Das kleine Mädchen damals war überfordert, aber gleichzeitig muß es auch sehr stark gewesen sein. Vielleicht findest du in dieser Nacht einen Platz, an dem du dich erholen und an den du dich in deinem Alltag erinnern kannst«, sagt Habiba, und ich fühle mich verstanden.

Jetzt geht es noch um organisatorische Details. Welche Boote werden wir nehmen, was sollen wir einkaufen, um eventuell an Land zu gehen und am Lagerfeuer zu grillen, was ist mit Manfred, der Fotos machen soll, wird er mich stören?

Auf der Fahrt zum See klatschen plötzlich dicke Wassertropfen an Manfreds Windschutzscheibe. Ich sehe sein Gesicht und weiß schon, was er sagen wird, noch ehe er es ausspricht.

»So macht das keinen Sinn, so kann ich nicht fotografieren.«

Er sagt es in einem Ton, den ich als dringenden Appell verstehe, das Ganze abzubrechen.

Ich mag Regen. Ich war noch nie bei nassem Wetter auf

dem See und möchte gern erfahren, wie es ist, wenn Wasser von oben und von unten kommt. Aber natürlich wird das seiner Fotoausrüstung nicht gut bekommen. Ich gerate sofort in einen Konflikt, obwohl zwischen uns geklärt war, daß die Fotos meinen Reisen und nicht die Reisen den Fotos folgen müssen.

Wir schweigen, und die gelöste Stimmung, in der wir bisher miteinander gearbeitet haben, weicht einem Druck, der sich bei mir sofort in den Schultern als Spannung bemerkbar macht.

»Ich möchte trotzdem auf den See«, sage ich, als die Häuser von Rorschach hinter uns liegen.

Ich merke, wie schwer ich es aushalten kann, wenn meine Interessen mit denen eines anderen Menschen kollidieren. Wie oft schon habe ich falsche Entscheidungen getroffen, wie oft meinen eigenen Weg verlassen, weil ich »ein gutes Kind« sein wollte! Wieviel Kraft hat es mich gekostet, wieder umzukehren, denn eines ist mir längst klar: Dort, wo ich nicht mehr meinen eigenen Visionen folge, fängt die Erschöpfung an. Es ist, als ob ich einen falschen Berg besteige, der für mich entweder zu flach oder zu steil ist.

Das nächste für mich bestimmte Zeichen wird wieder durch einen Menschen sichtbar, noch ehe wir im »Paradisli«, einem kleinen Bootshafen am Schweizer Bodenseeufer, von Land gehen. Ich sehe Hans-Peter zu, der mit Hose und Schuhen bis zum Knöchel im Wasser steht. Er hilft drei Männern und ihrem Auto, das mit den Hinterrädern in den See gerutscht ist, den Bootsanhänger an Land zu ziehen. Der eine sitzt im Fahrzeug, die anderen beiden stehen danebn. Mit trockenen Hosen und trockenen Füßen. Ja, auch dieses Bild ist mir vertraut. Die anderen sehen mir zu, wie ich die Kastanien aus dem Feuer hole. Oft nicht einmal meine eigenen. Auch das ist eines der Gesichter meiner Erschöpfung.

Eine Stunde später sitzen wir im Boot. Jeder in seinem eigenen. Kleine, wendige Kajaks, die auf die leichteste Bewegung reagieren.

»Hier kommt es auf Balance an«, sagt Habiba, »wenn du das Paddel im falschen Winkel ins Wasser tauchst, kannst du kippen.«

Sie sagt es, während ich mich gerade mit einem unbedachten Schlag auf den ersten Metern fast zum Kentern bringe. Wie im echten Leben. Zu schnell, zu unüberlegt, in Ruhe meine Balance zu finden gehört nicht zu meinen Stärken.

Es regnet noch immer. Manfred steht am Ufer und versucht verzweifelt, seine Fotoausrüstung so unterzubringen, daß sie nicht naß wird. Er trägt bereits die Schutzdecke aus Plastik, die an Trägern an den Schultern festgemacht wird, und sieht aus wie ein unglücklicher Ballettänzer mit einem gelben Röckchen.

Hans-Peter folgt meinem besorgten Blick und sagt: »Laß ihn, er wird seine eigene Reise machen, er gehört zu unserem rituellen Raum.«

Der Regen ist warm und weich. Vor uns liegt der Bodensee riesengroß und leer, bereit, uns zu empfangen. Kein Schiff, keine Tretboote, keine Schwimmer, niemand macht uns seine Aufmerksamkeit streitig an diesem Abend, an dem er sein graues Kleid wie eine Tarnkappe trägt. Danke, Regen, sage ich und weiß es zu schätzen, daß die Natur für Stille sorgt.

Irgendwann merke ich, daß ich allein bin. Habiba und Hans-Peter sind absichtlich zurückgeblieben, mit ihnen Manfred, der Fotos von einem Baum auf einer kleinen Insel im See macht. Jetzt erst verstehe ich, was ein »ritueller

Raum« ist. Ich spüre, wie ich mit jedem Paddelschlag ruhiger werde, wie mein Körper und meine Seele sich in dieser Stille erholen.

Wir sind erst eine Stunde unterwegs, als ich die Weiden im Wasser entdecke. Es ist ein Gebiet, nicht mehr weit vom »Rohrspitz«, das ich aus meiner Kindheit kenne. Hier holt sich der See jedes Jahr seinen Tribut und nimmt sich ein Stück Land.

Die Weiden wiegen sich im Rhythmus des Wassers, und als ich näherkomme, höre ich den Wind. Ich versuche, zwischen die Bäume hineinzurudern. Es gelingt. Ich lege mein Paddel zur Seite und halte mich an einem Ast fest. Ich komme in ein Gefühl von Frieden, in dem Zeit und Leistung keine Rolle mehr spielen.

Irgendwann paddeln Habiba und Hans-Peter näher.

»Das ist mein Platz«, sage ich, »hier möchte ich noch eine Weile bleiben. Ich fühle mich wie in einer Wiege. Das Wasser schaukelt mich, und die Bäume singen mit dem Wind ein Lied. Es ist wie damals, als ich ein Kind war. Hier kann ich mich erholen.«

Sie nicken nur und lassen mich wieder allein.

Habiba kehrt noch einmal um und sagt: »Wer Gott im Wind erkennt, im Meer oder Fluß, im Stein, im Baum, im Feuer, in der Sonne oder im Regenbogen wird ihn immer finden, egal wo.«

Manfred macht seine eigene Reise und taucht irgendwann neben mir auf.

»Ich wundere mich, daß ich nicht nervös bin, ich kann kaum fotografieren, aber es macht mir nichts aus.«

Dann, als er meine Weiden und dahinter den romantischen Schilfgürtel sieht, wird er plötzlich wieder ganz Profi. Und als ob die Natur ihm ein persönliches Geschenk für seine Geduld machen möchte, hört für eine halbe Stunde der

Vögel als Symbole einer Reise

Regen auf. Die Sonne kommt hinter den Wolken hervor und taucht den See in ein perfektes Fotolicht.

Er steigt aus seinem Boot ins Flache und kümmert sich nicht darum, daß seine Hose und seine Schuhe naß werden. Er stellt sein Stativ ins Wasser und verknipst einen Film nach dem anderen, während wir anderen besprechen, wie es weitergehen soll.

»Ich mag nicht ans Ufer, ich bin so glücklich auf dem Wasser«, sage ich, als Habiba und Hans-Peter noch einmal vorschlagen, einen Platz an Land zu finden, der mir gefällt. »Dann laß uns weiterpaddeln«, sagt Hans-Peter, »und achte darauf, was dir begegnet.«

Bilder ziehen an mir vorbei, und ein jedes hat für mich seine eigene Bedeutung. Am Ufer wandelt ein Paar durch die einbrechende Nacht. Still und friedlich, ohne jeden Kommentar sehen sie mir zu, wie ich den See durchpflüge. Keine Bewertung, keine Interpretation. Wir senden einander wohlwollende Blicke. So möchte ich in Beziehung sein – ohne mich anzustrengen.

Pfähle im See. Es sind viele. Auf jedem wartet eine Möwe. Am Ende der Reihe sitzt ein Vogel, der viel größer als alle anderen ist. Als ich näherkomme, hebt er sich in die Luft und fliegt in seiner ganzen erwachsenen Schönheit davon. Das sind die Stationen meines Leben, denke ich. Zuerst habe ich mich von Pfahl zu Pfahl bewegt, und überall gab es Unterstützung. Aber dann war ich groß und frei, so wie dieser Vogel, und bin davongeflogen, meiner eigenen Bestimmung entgegen.

Genug gesehen in Ufernähe. Jetzt will ich hinaus, in die Weite des Sees, und dort entdecke ich meine Kraft. Schnell schneidet mein Bug durchs Wasser, wie ein Speer sticht er in die Wellen. Zielgerichtet. Rund und sicher umgibt die ovale Öffnung des Boots meinen Körper. Weich, gleichzeitig kraftvoll und schnell paddle ich und spüre Zufriedenheit. In diesem Boot sind meine männlichen und weiblichen Anteile in perfekter Harmonie. Jetzt wieder Regen, und er klatscht mir hart ins Gesicht. In mir jubelt es. Das ist Abenteuer.

Immer wieder tauchen meine Begleiter auf. Dezent halten sie sich im Hintergrund und geben mir das Gefühl, daß ich sicher und geschützt bin, aber dennoch allein mit der Natur. Sie kommentieren nicht, sie erteilen mir keine Ratschläge.

Plötzlich überkommt mich Müdigkeit. Ich sehe mich um und erschrecke. Das »Paradisli« ist nur noch ein stecknadelgroßer Lichtknopf in der Ferne. Meine Abenteuerlust hat mich vergessen lassen, daß ich die ganze Strecke wieder zurück muß. Ja, auch das gehört zu meinem Erschöpfungsmuster: voranstürmen, ohne an die Konsequenzen zu denken, springen und erst später reflektieren.

Ich steuere auf das Ufer zu, wahrscheinlich sind wir längst in Österreich. Eine Schilfbucht lädt mich ein. Ich paddle auf den geschützten Raum zu und gönne mir eine Pause. Ich fahre rückwärts ein Stück wie in einen Wald hinein. Ich schließe die Augen und nehme mir Zeit. Inzwischen ist es Nacht geworden.

Habiba sieht aus wie eine wunderschöne Indianerin, als sie sich schemenhaft auf mich zubewegt.

»Ist alles in Ordnung?«

»Der See macht mich ruhig und ganz friedlich. Für mich kann die Reise jetzt zu Ende gehen. Ich habe alles erfahren, was ich wissen muß. Auch, daß es gut ist, nach jedem Abenteuer eine Weile zu rasten.«

Habiba lacht, und dann gleitet sie an die Seite von Hans-Peter, der ihr Partner im Beruf und im Leben ist, schnell und geschickt auf den offenen See hinaus.

»Carl, laß uns, wenn die Zeit reif ist, zusammen arbeiten und miteinander alt werden«, sage ich zu meinem Mann und hoffe, daß er mich telepathisch hören kann, auch wenn ich tausend Kilometer von ihm entfernt bin.

Der Bodensee, am Anfang des Abends trotz des Regens glatt und sanft, zeigt jetzt seine wilde Seite. Wellen rollen auf mich zu, und mein Stolz, das Kajak schon gut zu beherrschen, schrumpft. Auch das gehört zu mir. Ich überschätze mich immer wieder und bin dann erstaunt, daß ich plötzlich hart an meine Grenzen gelange.

Hans-Peter kommt heran und zeigt mir, wie ich das Boot gegen die Wellen lenken kann. Manfred kämpft ein Stück von mir entfernt mit dem aufgewühlten See. Ich spüre seine Angst. Nicht um seine Sicherheit, sondern um seine kostbare Fotoausrüstung.

Die Lichter des »Paradisli«, die sich im Wasser spiegeln, sind meine einzige Orientierung. Auf dem wilden See spüre ich meine eigene Wildheit und wieviel Kraft in ihr liegt. Vollkommen konzentriert nehme ich die Herausforderung an. Ohne Angst. Aber es ist dennoch gut, auf ein erleuchtetes Ziel zuzufahren. Und wenn es das Paradies ist, um so besser.

Der Baum auf der kleinen Insel taucht auf, den Manfred am Anfang des Abends fotografiert hat, Grenzstein zur normalen Wirklichkeit.

»Ich danke euch«, sage ich an Land zu meinen Begleitern. »Der See hat mir eine Antwort gegeben. Mein größtes Geschenk ist, daß ich ein Abenteuer zur rechten Zeit beenden konnte, noch ehe die Weisheit des Erfahrenen in der Erschöpfung verlorenging.«

Von kleinen und großen Wasserfällen und Träumen für den Frieden

Wasserfall I

Ein Wasserfall gehört dir nie allein. Die Menschen, die in der Umgebung wohnen, zeigen mit Schildern auf ihn, damit die Touristen, angezogen von der Pracht, den heimischen Fremdenverkehr beleben. Die Tafeln für den »Sebastian-Wasserfall« sind grün mit weißer Schrift und weisen schon in Puchberg auf die schmale Straße nach Losenheim.

»An vielen Plätzen, an denen es heidnische Mythen gibt, hat später die Kirche einen Heiligen draufgesetzt, damit der Aberglaube gebannt wird und in Vergessenheit gerät. Die alte Sage erzählt von Zwergen, die auf der ›Mamau‹-Wiese auf dem Schneeberg ein Lotterleben führten. Zur Strafe wurden sie unter die Erde verbannt und mußten nach Kristallen graben. So ist der Wasserfall entstanden. Nur in der Nacht kommen sie in ihren roten Mäntelchen heraus und stapfen über die Wiesen.«

Claudia ist Astrologin und kommt hierher, wenn die Sterne, deren Bedeutung sie ihren Klienten so gut erklären kann, ihr selber auf den Kopf fallen.

»Hier am Wasser finde ich mich wieder, es reinigt die Seele, das wußten die Menschen in allen Kulturen und haben ihre Kranken immer in die Nähe von Wasser gebracht oder sie sogar daruntergestellt. Die moderne Form davon sind die Kuranstalten, die fast alle mit Wasseranwendungen arbeiten.«

Es ist mitten am Tag, die verbannten Zwerge sind nicht zu sehen, dafür gibt es um so mehr Besucher aller Art.

»Wenn du einen Wasserfall wirklich genießen möchtest, dann komm im Morgengrauen her oder am späteren Abend, und überlaß dich der Stille. Dann gelangst du in deine Tiefe, denn Wasser ist Emotion, bedeutet frei fließende Gefühle. Ein Wasserfall ist besonders heilsam, weil er das weibliche Yin-Prinzip mit dem männlichen verbindet, denn ohne den Stein, der dem Wasser die Form gibt, über die es fließen kann, würde es einfach zerrinnen. Berg und Wasser zeigen die Seele des Menschen in seiner Ganzheit, in der alles vereint ist. Der Mann in uns und die Frau in uns. Im Bewußtsein dieser Schönheit können wir unseren Gefühlen freien Lauf lassen, so wie das Wasser über den Stein fällt – frei. Der Wasserfall zeigt uns, wie Beziehung funktioniert: Zwei sehr verschiedene Elemente vereinen sich, und das ist heilsam. Wir lassen uns auf einen anderen Menschen ein und wünschen uns dann, daß unser Partner fühlt und denkt wie wir, anstatt zu verstehen, daß die Anziehung aus dem Anderssein entsteht.«

Ein Vater mit Kleinkind, der offenbar die Zeit bis zum Sonntagsessen nützlich verbringt, versucht, ein paar Fetzen unseres Gesprächs aufzufangen, ein Ehepaar mit Wanderkarte, das sich vorsichtig auf dem vereisten Pfad bewegt, kommt näher. Zwei Frauen, die etwas entfernt in einer Waldlichtung stehen, scheinen auf etwas zu warten. Wir warten auch.

»Ein Ritual am Kraftplatz braucht die Stille, und es braucht Menschen, die gleichen Geistes sind.«

Also Geduld, bis die Versammlung sich auflöst. Die beiden Frauen haben inzwischen eine Kerze angezündet. Als ob dies ein Signal zum Aufbruch wäre, verlassen die anderen

Menschen nach wenigen Sekunden den Felskessel, der schützend von einem Fichtenwald umgeben ist.

Wir treten näher und bleiben in einem respektvollen Abstand stehen, um den Gesang und die Gebete von Mutter und Tochter, oder Lehrerin und Schülerin, nicht zu stören. Mit Rasseln und Trommeln scheinen sie um etwas Bestimmtes zu bitten und stimmen dann ein altes indianisches Lied an, das mir vertraut ist.

> The river is flowing, flowing and growing,
> The river is flowing back to the sea.
> Mother earth is carrying me, child I will always be,
> Mother earth is carrying me, back to the sea –
> until I am free.

Dann gehen sie, so still wie sie hergekommen sind, weg.

»Alle Wasserfälle sind Kraftplätze. Heute ist das Wissen um die heilende Schwingung fast in Vergessenheit geraten, und auch wenn er jetzt im Eis gefangen ist, wirkt seine Kraft«, flüstert Claudia und stellt sich auf das Plateau, das wie ein Altartisch vor den Felsen steht.

Ein gläsern gefrorener Hochaltar, vor dem Gott oder der Geist des Platzes oder die Kraft im Universum – wie immer man es nennt – dem Fragenden eine Antwort gibt und den Bittenden erhört. Die Sonne fällt auf einen der dreißig Meter hohen Felsen, als Claudia eine türkisgrüne Schale mit brennendem Salbei in die Höhe hält.

»Das ist eine Gabe an die Hüter des Wassers, denn wie überall im Leben ist auch hier die Balance zwischen Geben und Nehmen wichtig. Ich beobachte, wohin der Rauch weht. Oft sind es Stellen, an denen der Platz sich reinigen möchte. Denn Kraftorte bekommen in unserer Gesellschaft wenig Wertschätzung. Viele Geomanten messen die

Strahlen und gehen achtlos wieder weg, die Wanderer fotografieren, und andere wieder nehmen sich gute Energie mit, ohne dafür zu danken.«

Dann streut sie großzügig Tabak, er gilt bei den Indianern als heiliges Geschenk.

»Die Schamanen sehen den Wasserfall als Verbindung zwischen Ober- und Unterwelt, als Ort der Zwiesprache mit den geistigen Lehrern, dem höheren Selbst. Man schließt die Augen und öffnet sein Herz, und wer seine Krafttiere kennt, kann sie zur Hilfe rufen. Wir in unserer Kultur haben Angst vor frei fließenden Gefühlen. Es ist das größte Tabu in unserer Gesellschaft. Das, wovor wir uns am meisten fürchten, versuchen wir in der Natur umzubringen. Wir tun alles, um Wasser zu bändigen, um Flüsse zu begradigen und im Beton ihre Lebendigkeit zu ersticken.«

Der Wasserfall von Losenheim lebt, noch hat niemand versucht, ihn zu »gestalten«. Dennoch verliert er ein paar Sekunden nach Claudias Ritual seine Magie.

Eine Gruppe von Amerikanern ist begeistert von der »beauty of Austrian mountains«, und schon trägt der Platz ein anderes Kleid. Der Hochaltar verschwindet, zurück bleibt ein imposanter Felsen voller Eiszapfen, an denen sich Wasser in kleinen Rinnsalen herunterschlängelt.

Und so wie es neben jeder Kirche ein Wirtshaus gibt, so gibt es in geziemendem Abstand vom »Dom im Wald« eine alte Schenke, die, als Pizzeria verkleidet, Touristen und »Kirchgänger« labt.

Über die Geschichte des Platzes weiß die Frau hinter dem Ausschank nichts. Auch nicht, daß in den frühen Morgenstunden, wenn alle schlafen und nur die Geister des Platzes wach sind, die Menschen von von weither anreisen, um die Kraft des Wassers in der Stille zu genießen.

Wasserfall II

Ein dreiviertel Jahr später. Die Ernte des Sommers ist Gewalt. Zwei Flugzeuge zerstören das World Trade Center in New York. Die Menschen versuchen Lösungen gegen den Terror zu finden. Jeder auf seine Weise.

Viele haben geredet. Manche haben gehandelt. Wind Eagle und Rainbow Hawk, deren Ahnen dem alten Volk angehören, dessen Weisheit sie jetzt lehren, gehören dazu. Sie sind nach Europa gekommen, um indianische Friedensrituale zu zelebrieren.

Der Tag, an dem sie nach Wien kamen, war der Tag an dem ich lernte, bewußt zu träumen.

Dreißig Menschen fanden sich in wenigen Stunden zusammen. Mühelos und ohne große Organisation. Und Wind Eagle und Rainbow Hawk lehrten uns, ein neues Bild unserer Erde zu träumen, so wie es in den alten Tagen üblich war.

»Früher hatte jeder Stamm einen Häuptling, den sie ›Dreamchief‹ nannten. Er war dafür zuständig, die Zukunft des Volkes zu träumen. Und dieser Traum wurde von den Menschen gepflegt und bewahrt. Denn die Gedanken, die ein Volk denkt, sind mächtig. Wir wollen euch an diesem Abend einladen, euch bewußt den Traum einer Welt zu erschaffen, in der ihr gerne leben wollt. Finde eine Haltung, in der sich dein Körper wohlfühlt. Laß alle Gedanken los, die dich daran hindern könnten, hier in diesem Raum ganz anwesend zu sein. Und jetzt stell dir vor, daß du durch einen Wald gehst. Du hörst, wie das Laub unter deinen Füßen raschelt, du riechst das Moos und die Pilze, du spürst die leichte Bewegung des Windes. Du fühlst Schatten und Licht auf deiner Haut und weißt, daß du unterwegs bist zu den alten Träumern.«

Ich merke, daß ich innerlich noch angespannt bin, daß es mir schwerfällt, diesen Bildern zu folgen, und öffne für einen Moment meine Augen. Rainbow Hawk und Wind Eagle sitzen ganz entspannt und in sich gekehrt da, und ich spüre, wie ihre Ruhe sich auf mich überträgt, und höre weiter zu.

»Du steigst einen Berg hinauf, und nach einer Weile gelangst du auf eine Lichtung. Du siehst einen großen Felsen, und in dem Felsen findest du eine Türe, die dich in einen Raum führt. In den Wänden dieses Raumes ist das alte Wissen der Träumer gespeichert. Du siehst einen See und davor einen großen, glatten Stein, auf dem du Platz nimmst. Bitte jetzt die Träumer, dir bei deiner Vision zu helfen.«

Es dauert eine Weile, bis ich mich zurechtfinde, aber dann spüre ich, daß die Energie der alten Träumer zu mir kommt und mit ihr ein Bild.

Ich sehe ein Paar. Es geht Hand in Hand, und der Frieden, den beide ausstrahlen, weitet sich auf die Landschaft aus, durch die sie wandern. Ich sehe Kinder. Sie sind von Frauen und Männern gezeugt worden, die den Frieden in sich tragen. Sie erinnern sich in ihren Zellen noch an die Gewalt, die früher die Welt regiert hat. Aber sie leben auf andere Weise. Und als sie erwachsen sind, sind sie es, die das Land regieren. Ich sehe die Kinder dieser Kinder. Sie wissen nur noch aus den Erzählungen der Alten, daß es früher eine Zeit gab, in der Gewalt und Haß mehr Gewicht hatten als die Liebe.

Die Träume, die die Menschen in diesem Raum in einer Zweimillionenstadt an diesem Abend träumen, sind sehr verschieden und dennoch gleich. Sie sind Visionen einer friedlichen Zukunft, die für mich nur dort beginnen kann, wo auch der Krieg anfängt: in den persönlichen Beziehungen.

Elisabeth, eine meiner Freundinnen, sitzt neben mir.
»Ich kenne einen Platz in der realen Welt, einen Wasserfall, an dem wir den Zugang zu den Träumern finden können.«
»Laß uns morgen hinfahren«, sage ich.

Der großstädtische Morgenstau bringt mich wie immer aus der Fassung. Ich fluche, ich schimpfe, ich bedenke die anderen Autofahrer mit Namen, die sie Gott sei Dank nicht hören. Elisabeth sagt lange nichts. Dann schlägt sie an einer roten Ampel vor, daß wir um eine gute Reise bitten und uns kurz auf die höchste Energie für diesen Tag ein-stimmen.
Ich schäme mich. Auch das ist Krieg.
Während wir uns »ihrem« Wasserfall nähern, erzählt sie mir, wie sie auf Umwegen seinem Ruf gefolgt ist.
»Es war an einem Freitag, als ich die Stadt verließ. Ich hatte nichts mit als einen kleinen Rucksack und die Gewißheit, daß meine Tochter und unsere Katze gut versorgt sind. Ich wußte nicht, wohin meine Reise mich führen wird. Es gab nur einen Anhaltspunkt. Ein Bild in der Zeitung, auf dem eine kleine Kapelle abgebildet war. Sie liegt auf dem alten Pilgerweg zur Basilika nach Maria Zell. Damals, als ich das Foto sah – ich saß nach der Arbeit mit einer Tasse Tee am Küchentisch –, spürte ich die Gewißheit einer Stimme in mir, die sagte: ›Du mußt eine Wallfahrt machen.‹ Ich wußte nicht, wie heilsam es für mich sein konnte, einfach allein zu wandern. Jede Sekunde meinen eigenen Impulsen nach-zugeben, jeder Spur, die sich auftut, folgen können …«
Ich bin noch nie allein gewandert und beneide sie um diese Erfahrung.
»Es war am ersten Tag meiner Reise, als ich den Sinn meiner Wallfahrt verstand. Die Kapelle, die ich in der Zeitung gesehen hatte, lag in der Nähe einer Höhle. Die

Einheimischen nennen sie das ›nasse Loch‹. Sie ähnelt einer Vagina, und als ich sie fand und mich in ihr wohl und geborgen fühlte, spürte ich, daß es für mich um die Versöhnung mit meinem Frausein geht.«

Und so führte eins zum anderen. Als Elisabeth anschließend unschlüssig am Bahnhof stand und merkte, daß sie noch nicht nach Maria Zell weiterfahren konnte, erzählte ihr der Fahrkartenverkäufer von einer wunderschönen Klamm.

Der Weg, den wir jetzt gemeinsam gehen, nachdem wir unser Auto an einem der Zufahrtswege zu den Ötschergräben abgestellt haben, führt uns zu dieser Klamm. Jetzt ist es Herbst, im Wald riecht es nach Pilzen, die darauf warten, gepflückt zu werden. Als Elisabeth das erste Mal hier war, war Sommer. Ein heißer Sommer.

Meine Freundin hört auf zu sprechen. Der schmale Weg, der links des Flusses fast an den Felsen klebt, an vielen Stellen nur über schmale Holzsteige begehbar, öffnet sich unerwartet in eine Weite. Und dann sehe ich den Wasserfall. Wie ein dünner Vorhang aus Perlen, zart mit einem sanften Nebel, den das zerstäubte Wasser vor die Felsen legt, liegt sie da. Sie. Denn dieser Wasserfall ist eindeutig weiblich. Die Wucht, die Kraft, all das, was Wasser, das von so hohen Steinen stürzt, symbolisiert, ist hier verfeinert.

»Das ist noch nicht alles«, sagt Elisabeth und winkt mir mitzukommen.

Wir steigen über glitschige Steine ein paar Minuten in die Höhe.

»Wer ihn nicht kennt, findet ihn nicht leicht. Er versteckt sich vor Touristenaugen.«

Elisabeth sagt es und zeigt auf einen kreisrunden, großen Teich mit tiefgrünem Wasser, der wie eine Schale inmitten der Felsen liegt.

»Es ist ein Frauenheiligtum. Ich wußte sofort, daß das das Ziel meiner Wallfahrt war. Ich hatte keinen Badeanzug mit. Ich zog mich aus und knotete ein Seidentuch um meinen Körper und tauchte ein in dieses klare Wasser. Es war Mittag. Die Sonne brannte vom Himmel, der Teich war angenehm kühl. Die Seide bewegte sich auf meinen Körper zu, dann wieder weg. Ich spürte meine Zartheit und meine Schönheit und daß sich mein verletztes Frausein heilte. Als ich mit großen Zügen durch den Teich schwamm, erlebte ich nach Jahren zum ersten Mal wieder meine Sinnlichkeit. An der Stelle, an der das Wasser von oben in den Teich stürzt, bat ich noch einmal um Reinigung, Heilung und um Freiheit für eine neue Beziehung. Ich löste meine Kette mit dem goldenen Delphin von meinem Hals und schenkte sie der Göttin als Opfer für meine Befreiung. Ich hatte sie mir damals als Trost gekauft, als der Vater meiner Tochter mich verließ, als sie noch ganz klein war. Ein Kreislauf hatte sich geschlossen. Ich war in Frieden mit mir und mit den Männern. Nach einer langen Weile kamen Wanderer vorbei. Sie respektierten meinen geschützten Raum und gingen weiter.«

Heute sind wir ganz allein. Es ist Herbst, die Menschen warten auf besseres Wetter und auf das Wochenende.

Elisabeth zündet Weihrauch an.

»Laß uns jetzt zu den Träumern reisen«, sage ich und sehe, wie hinter dem Wasservorhang eine Türe sichtbar wird. Es ist eine Stelle im Felsen, die die Vorstellung erlaubt, daß hinter diesen Steinen, die viel heller als die anderen sind, ein Raum sein könnte. Ein Raum, aus dessen Wänden der Atem der alten Erdleute kommt, die noch wußten, wie man sich eine positive Zukunft erträumt.

Wir sitzen still am Mirafall, das ist der Name, den die

Menschen diesem Platz gegeben haben. Und jede von uns geht ihren eigenen Träumen nach.

Ich sehe wieder das Paar. Es hat kein bestimmtes Gesicht. Es symbolisiert alle Paare der Welt. Und gleichzeitig weiß ich, daß auch wir das sind. Carl und ich. Die Frau und der Mann stehen einander gegenüber. Gepanzert. Es ist ein Panzer, der den ganzen Körper umhüllt. Gelb. Wie gelber Ton.

Die Frau sieht auf den Panzer des Mannes und dann auf ihren eigenen. Sie hebt den Kopf nach oben. So als ob sie die Göttin dieses Platzes ruft und um Hilfe bittet. Das Licht kommt sofort. Es ist ein weißes, warmes Licht, das zuerst auf ihr Gesicht fällt und dann auf ihren Körper. Der Panzer aus Ton zerbricht in der gleißenden Sonne. Nicht nur ihrer. Mit einem Knacken und Splittern zerbricht auch die Schutzschicht des Mannes. Da stehen sie beide. Nackt und schutzlos. Ich sehe ihre dünne, ganz neue Haut und habe Angst. Für einen Augenblick bin ich diese Frau und fühle mich mit jeder Faser meines Körpers ungeschützt.

Ich sehe weiter zu, als würde ein Film vor mir ablaufen. Die Frau hat plötzlich einen tiefblauen Seidenumhang in der Hand. Sie legt ihn um die Schultern des Mannes und sagt: »Ich achte deine Verletzlichkeit.« Er hängt ihr einen purpurroten Seidenmantel um und wiederholt die Worte: »Ich achte deine Verletzlichkeit.«

Dann gehen sie Hand in Hand in eine Welt hinaus, in der es noch kalt ist.

Bleibt hier, möchte ich rufen, ihr seid so nackt. Man wird euch verletzen. Sie sehen beide so zart und klein aus mit ihrer dünnen Haut und den Seidenumhängen. In diesem Augenblick sehe ich, wie sie wachsen. Ein Energiefeld baut sich um die beiden auf. Sie sind stark und mächtig, und ihr Strahlen bewegt das Land.

Ich höre ein Geräusch, bedanke mich bei den Träumern und verabschiede mich von meinem Traum. Ich öffne die Augen. Ein junges Paar kommt den Weg herauf. Es sieht uns und bleibt ein Stück entfernt stehen. Dann setzt es sich auf einen Felsen und wartet geduldig, bis wir bereit sind, den Raum wieder zu öffnen. Es wird nichts geredet. Diese Frau und dieser Mann haben ohne Worte die Grenze gespürt.

Elisabeth spricht erst, als wir wieder auf dem schmalen Pfad sind.

»Ich habe Ornamente aus Stein gesehen. Die Menschen sind entlanggegangen und wurden durch die Kraft der Steine und der Muster geheilt. Es ist, als ob ich mich an etwas Altes erinnere, was vielleicht einmal meine Aufgabe war. Carlos Castaneda schreibt in seinem Buch ›Das Wirken der Unendlichkeit‹, daß wir in den Beinen die Erinnerungen an Wesentliches speichern. Wenn wir wandern, dann setzen wir sie frei.«

In der Basilika von Maria Zell, nur eine halbe Stunde von den Ötschergräben entfernt, sitzt die Schlange auf einer großen Weltkugel mitten auf dem Hochaltar.

»Hier war das Ende meiner Wallfahrt«, sagt Elisabeth und schaut auf einen Engel, der wie ein fröhliches Baby auf dem Kirchenboden liegt und dem eine junge Restauratorin gerade frische, rote Backen malt.

»Ich kam hier an und hörte eine Stimme aus dem Lautsprecher: ›Messe für Fußwanderer‹. Ich wußte, daß ich damit gemeint war. Ich war zur richtigen Zeit am richtigen Ort. Und dann sah ich die Göttin. Im Symbol der Schlange, die für mich nicht das Böse, sondern das zutiefst Weibliche darstellt. Sie saß auf dieser riesigen silbernen Kugel, lachte mir entgegen und sagte: Auch hier bin ich, inmitten der katholischen Kirche auf einem Altar, denn ich bin auch die christliche Muttergottes. Ich bin die Kraft der Natur, die Kraft der materiellen Schöpfung, ich bin in jeder weiblichen Form präsent, es gibt keine Trennung.«

Wasserfall III

Ich habe Angst. Die Angst ist irrational, und ich weiß es. Es nützt mir nichts. Jedesmal, wenn im Gebüsch ein Ast knackt, jedesmal, wenn sich im Schutz der Dunkelheit ein Tier bewegt oder der Wald Geräusche von sich gibt, die das Menschenohr am Tag überhört, erschrecke ich.

Der Weg, den ich gehe, ist breit und ungefährlich. Jeder größere Stein wurde aus dem Weg geräumt, jede Unebenheit von Tausenden von Füßen geglättet. Ich sehne mich nach den Menschen, die ich meiden wollte. Ich wäre jetzt gern Teil dieser Menge, die sich täglich wie eine Völkerwanderung auf den gepflegten Wegen ausbreitet. An guten Tagen im Sommer sind es bis zu sechstausend Besucher, die dem längsten Wasserfall Europas ihre Referenz erweisen.

Es ist Nacht. Der Tag kommt erst in einer halben Stunde. »Gehen Sie erst um halb sieben weg, dann wird es langsam hell«, hat mir der Wirt vom »Schönangerl« vor dem Schlafengehen geraten.

Josef Breitner ist mit den Krimmler-Fällen aufgewachsen. Er und seine Frau Gerlinde hören das Wasser, das ein paar Meter entfernt von ihrem Gasthaus in die Tiefe stürzt, nicht mehr. Es ist Teil ihres Wesens geworden, und erst, wenn sie an einem anderen Ort übernachten, vermissen sie das Tosen, das für sie alltäglich geworden ist.

Ich habe bis jetzt nur die Stimme des Wasserfalls gehört. Gestern war es schon dunkel, als ich ankam. Er stürzte in mein Zimmer, als ich das Fenster öffnete. Mit einer Macht und einer Kraft, die größer war als alles, was ich bisher von Wasser verstand. Er und ein klarer Sternenhimmel sagten mir, daß es wichtig ist, ganz allein und in der Dunkelheit die Reise zu beginnen.

Die Sterne helfen mir nicht, mich sicher zu fühlen. Meine kleine Taschenlampe schickt Irrlichter über den Weg und fällt immer wieder aus. Wackelkontakt.

Ich spüre einen fast unwiderstehlichen Zwang, einfach zurückzugehen. Vorbei am Kiosk mit den vielen Ansichtskarten, hinein ins sichere Haus, in mein Zimmer, in mein Bett. Und darauf zu warten, bis ich zur Herde gehören kann. Sicher aufgehoben in der Enge des Stroms der Wanderer. Nur ein paar Stunden trennen mich von dieser Sicherheit.

Ein Fuß setzt sich vor den anderen. Wie mechanisch gehe ich weiter. Die Einsamkeit kriecht in mir hoch. Ich kenne sie, sie hat nichts mit Tag oder Nacht zu tun. Sie kommt, wenn ich mich von der Herde entferne. Mich freiwillig zur Außenseiterin mache. Und das tue ich oft genug.

Und dann ist es wie ein Schlag ins Gesicht: vor mir eine weiße tosende Wand! Da ist er, den ich seit meiner Ankunft gestern hörte, aber nicht sah. Er, der in der Nacht in meine Träume eingedrungen ist und mir jetzt Angst macht. Hinter einer harmlosen Kehre taucht er plötzlich auf. Ohne Vorwarnung springt er mich an. Hart und unerbittlich.

Mein Herz rast. Ich halte mich am Holzgeländer fest, das der Tourismusverein Kilometer über Kilometer zwischen das Wasser und die Menschen gestellt hat. Ich stecke meine Taschenlampe ein. Sie schimmert jetzt durch meinen Anorak wie ein sanfter, kleiner Mond. Hilflos, nicht tröstend. Der Wasserfall scheint zu mir zu sprechen.

»Stelle dich deinen Ängsten«, sagt er. »Das ist der Grund, warum ich dich in der Nacht zu mir gerufen habe.«

Ich stelle mich meiner Angst. Ich lasse zu, daß sie meinen Körper überflutet und mich in Erinnerungen taucht. Und nach einer langen Zeit wird mein Herz ruhig. Der Wasserfall verwandelt sich. Das Harte, Kalte verschwindet im ersten Licht des Morgens. Es ist vorbei. Es ist, als hätte ich seine Prüfung bestanden.

Mein Schritt wird leicht. Ich folge dem Wasser und mit der Entfernung zum Tal wächst meine Zuversicht. Und endet im Jubel über das Alleinsein. Irgendwann öffnet sich ein Tal, eine Hochebene, die die Berge zur Seite treten läßt. Der Wasserfall ist hier zum breiten Bach geworden, der sich meditativ und an manchen Stellen sogar träge, durch gelbe Wiesen bewegt. Unwirklich ist die Landschaft, unwirklich mein Spaziergang auf Wegen, die in der Nacht vergessen haben, daß sie Trampelpfade sind. Alles scheint so unberührt. Ich bin der erste Mensch, der dieses Zauberland betritt.

Irgendwann taucht eine Hütte im Zwielicht des Morgens auf. Und plötzlich bin ich nicht mehr allein. Eine Frau in einem weißen, wallenden Gewand tritt vor die Türe und geht über eine Holzbrücke bis zum Fluß. Ist sie die Frau, die mir von ihren Ritualen erzählen wird? Mit einer Sicherheit, die mich erstaunt, weiß ich, daß auf dieser Hochebene jemand auf mich wartet.

Ich komme näher und sehe, daß sie einen Kübel in der Hand trägt. Mit einer schwungvollen Geste leert sie ihn in den Fluß und geht zum Haus zurück. Die Magie zerbricht unter meinem lauten Lachen. Der lange, weiße Mantel ist eine Kittelschürze, und als ich die Tür zur Alm öffne, steht sie schon da. Sehr irdisch. Und schneidet Brot fürs Frühstück.

»Ich bin die Köchin hier«, sagt sie zur Begrüßung. »Die Gruppe schläft noch, aber bald kommen sie herunter.«

An guten Tagen, erzählt sie mir, kocht sie bis zu vierhundert Mahlzeiten, und die wenigen Betten, die es gibt, sind meistens vom Aushilfspersonal belegt, das ihr dabei hilft, den Ansturm der Tagesbesucher zu bewältigen.

Die Realität hat mich eingeholt. Ich bin wieder im »Nationalpark Hohe Tauern« gelandet. Einem der wichtigsten Touristenzentren des Landes Salzburg.

Aber noch sind sie nicht da, die Wanderer, die Mountainbiker und die »Wasserfall-Taxis«, die auf den breiten Wanderwegen miteinander auskommen müssen.

In der Stille des Morgens gibt es, als ich die Alm hinter mir lasse, wieder nur mich und diese Landschaft. Mein Schritt wird langsamer. Gleicht sich dem Gefühl an, das in meinem Inneren Raum nimmt. Ich habe Zeit. Viel Zeit.

Vorbei am Tauernhaus. In den Fenstern der Gaststube brennt Licht. Ich weiß, daß dort die ersten Wanderer sitzen. Sie werden bald auf die Gipfel steigen, auf die die Wegweiser zeigen. Eine kurze Sehnsucht. Heißer Tee, eine warme Stube, das beruhigende Gemurmel von Menschen. Ich öffne die Türe und schließe sie sofort wieder. Hektisches Treiben, Servierkräfte laufen mit vollen Kaffeekannen vorbei, lautes Lachen, die ersten Witze.

Schnell wieder hinaus in meine unberührte Landschaft. Ich möchte noch eine Weile in der Illusion weiterleben, daß ich der einzige Mensch in diesem Paradies bin. Zufrieden und mit allem eins. So habe ich Alleinsein noch nie empfunden. Kleine Holzhäuser stehen am Weg, vermutlich in einer Zeit erbaut, als die Natur noch nicht geschützt war. Eine Türe öffnet sich. Eine Frau in meinem Alter tritt vor das Haus. Sie trägt Bergschuhe und über einem Wollpullover ein rotes, fast bodenlanges Leinenkleid. Eine seltsame Kombination. Ihr Haar ist schwarz und lang, mit silbernen Fäden durchzogen, und als sie mich sieht, lächelt sie freundlich. Als ob es ganz selbstverständlich wäre, hier im Morgengrauen Wanderer anzutreffen.

Ich zögere, sehe in ihre Augen und bleibe stehen. Hier gebe es keine Menschen, die Rituale machen, der Platz eigne sich nicht, zu viele Touristen den ganzen Tag, höre ich Gerlinde Breitner sagen, die mit mir gestern abend am Wirtshaustisch saß. Nur einmal seien Shaolin-Mönche dagewesen und hätten am Wasserfall gebetet.

Die Frau mit dem roten Kleid trägt einen langen Stab in der Hand. Er ist wunderschön mit farbigen Perlen und Bändern geschmückt.

»Es ist mein Friedensstab«, sagt sie, als sie meinen Blick sieht. »Wenn ich am Wochenende hier bin, nehme ich ihn mit zum Wasserfall.«

Sie zeigt mit der linken Hand ein Stück nach vorne auf einen Hügel. Und dann sehe ich ihn. Den kleinen Wasserfall. Er ist sanft und dennoch stark, und er wird weiter unten im Tal in die riesigen Krimmler-Fälle münden. Aber noch ist er ein Individuum. Eine Perle für sich allein.

Ich stehe unschlüssig herum. Die Frau sperrt ihre Haustüre nicht ab und kommt auf mich zu.

»Wenn Sie wollen, können Sie mitkommen. Es gibt in der Mitte des Wasserfalls ein Felsenplateau, dort will ich hin.«

Ich kenne ihren Namen nicht, aber ich weiß, daß sie die Frau ist, die mir ihr Ritual schenken wird. Sie schreitet sicher und leicht in ihrem Leinenkleid voran. Vertraut mit jedem Stein. Wir überqueren eine kleine Holzbrücke und stehen vor einem Dickicht, das undurchdringlich zu sein scheint.

»Es führt kein richtiger Weg hinauf, aber Sie werden sehen, es ist nicht schwer.«

Meine Füße versinken in Moospolstern, ich trete auf Heidelbeerfelder und klettere über Felsbrocken. Sie schürzt ihr Kleid, und ich sehe, daß sie muskulöse Beine hat. Eine Frau, die es gewöhnt ist, mit der Natur zu verschmelzen. Das Felsplateau ist riesengroß und ganz flach. Hier könnten mühelos zwanzig Personen Platz finden. Unter uns liegt das Tal, noch immer leer und gelb wie eine unwirkliche Landschaft im Morgenlicht. Rechts von uns stürzt das Wasser in die Tiefe. Das Tosen ist wieder da. Aber nicht bedrohlich, friedlich klingt es hier.

»Ich bin Managementberaterin«, sagt die Frau. »Ich brauche diesen Platz in den Bergen. Es ist nicht einfach, in dieser Welt einen spirituellen Weg zu gehen.«

Ich nicke und weiß, wovon sie spricht.

»Als ich zum ersten Mal hier war«, erzählt sie weiter, »habe ich aus der Stille in mir eine Stimme gehört. Sie sagte: ›Denke Frieden, atme Frieden, sprich Frieden.‹ Seither komme immer wieder und erinnere mich daran.«

Sie setzt sich hin und lädt mich mit einer Geste ein, Platz zu nehmen. Und wieder ist alles unwirklich. Dieser Felsen, das Tal unter uns, in dem auf den Wanderwegen keine Menschenseele zu sehen ist. Die Berge, die die Morgensonne kitschig in goldenes Licht taucht.

Sie schließt die Augen. Ich tue dasselbe.

»Denke Frieden, atme Frieden, sprich Frieden«, sagt sie langsam, und ich verstehe, daß es ihre Art ist, unsere gemeinsame Meditation anzuleiten.

Es gibt nichts zu reden. Wir tauschen keine Namen, keine Visitenkarten. Sie steht einfach nach einer Weile auf, verneigt sich mit gefalteten Händen vor dem Wasserfall und steigt mit ihrem roten Kleid und dem bunten Stab wieder ins Tal.

Ich bleibe. Ich habe das Ziel meiner Reise erreicht. Ich solle unbedingt allein zu einem Wasserfall fahren und dort ein paar Stunden einfach still sitzen, hatte Claudia, die Astrologin, vor fast einem Jahr gesagt.

Die Welt ist eine andere geworden, als ich mich in der hellen Tagessonne auf den Weg mache, um über die Hochebenen zurückzugehen. Ich erkenne nichts von dem wieder, was ich in der Morgendämmerung erlebt und erspürt habe. Die Landschaft hat alle Magie verloren. Keine Mondtäler mehr mit gelbem Gras. Es ist ein ganz gewöhnlicher Herbsttag, an dem die Sonne sich noch einmal anstrengt, sich dem Winter zu widersetzen.

Auf den flachen Wanderwegen, die so breit sind, daß Taxis fahren können, tummeln sich Menschenmassen. Vor dem Tauernhaus und vor den Almhütten sitzen die Wanderer in der Sonne und essen Geselchtes und Apfelstrudel mit Vanillesauce. Ich trage einen langen Stock in der Hand, der einmal mein Friedensstab werden soll, und einen riesigen Stein, der mich berührt hat. Die Menschen beobachten mich, und ich komme mir schrullig vor. Aber ich halte meinen Stock und meinen Stein fest in der Hand. Ich lasse mir die Magie dieser Nacht und dieses Morgens nicht nehmen.

In der kleinen Eisenbahn zwischen Krimml und Salzburg sitzen am späten Nachmittag die Wasserfallwanderer und tragen ihre Prospekte noch in der Hand. Ich schleppe noch immer meinen schweren Stein und versuche den Holzstab unter meinem Sitz unterzubringen. In Salzburg holt mich Carl vom Bahnhof ab.

»Ist alles in Ordnung«, fragt er, als er mich schwer beladen sieht.

Und ich spüre, wie die Magie weicht und mich meinem Alltag zurückgibt.

Magie im Alltag

Das Jahr mit diesem Buch hat mich verändert. Die Zeit, die ich in anderen Welten zugebracht habe, hat Spuren in meiner Seele hinterlassen. Ich bin Menschen begegnet, die kompromißlos an andere Dimensionen glauben, und merke, daß ich jetzt meine eigene Art und Weise finden muß, das Unsichtbare in mein Leben zu integrieren. Aber wie?

Da sitze ich nun nach meiner letzten Reise. Mit einem großen Stein und einem Stab aus Holz und finde mich in meinem Alltag nicht zurecht. Es ist Freitag, mein Anrufbeantworter blinkt vorwurfsvoll und will, daß ich ihn abhöre. Der Verlag wartet auf einen Text für die Büchervorschau, eine deutsche Zeitung möchte zehn Ratschläge für Frauen in den Wechseljahren. Der Kühlschrank ist leer.

»Vergiß nie, wenn du Reisen unternimmst, daß deine Seele länger als dein Körper braucht, um zurückzukommen.«

Ich erinnere mich an diese alte Weisheit und tue nichts von dem, was ich eigentlich tun sollte.

Statt dessen ziehe ich meinen Mantel an und gehe einfach aus dem Haus. Langsam. So wie am Wasserfall in den frühen Morgenstunden. Mein Alltagsleben kommt mir absurd vor. Die Hektik, die ständigen Termine, der Druck, etwas zu produzieren, die Anforderung an mich selbst, alles gut und richtig zu machen. Ich schlendere durch die Stadt und denke an meinen Friedensstab.

»Wie möchtest du geschmückt werden«, frage ich ihn, der nackt und grau in meinem Zimmer liegt, noch so, wie ich ihn aus dem Bachbett geholt habe.

Die Dinge, zu denen er mich führt, sind bunt und schön. Glasperlen, Edelsteine, Lederbänder, eine Spinne, die eigentlich als Christbaumschmuck gedacht ist. Ich lasse mir Zeit. Ich habe Zeit.

Wieder zu Hause, wühle ich in meiner Schmuckschatulle und spende dem Stab Ohrringe aus Bernstein, die ich nie getragen habe, finde einen kleinen Buddha und ein weißes Pferd.

Dann sitze ich einfach da und bin glücklich. Stückchen für Stückchen, Band um Band wachsen die neuen Kleider meines Stabes um seine rauhe Haut aus Holz. Geduldig halte ich meinen Daumen auf eine Stelle, auf die ich etwas geklebt habe. Es hält nicht. Ich finde eine andere Lösung. Ich bin wie ein großes Kind, das spielt. Wie lange habe ich nicht mehr gespielt?

Meine Kreativität schlägt Purzelbäume. Ich esse nicht, ich spreche nicht, ich bin vertieft in meinen Traum. Noch immer sind meine Gedanken bei den magischen gelben Feldern, auf denen ich gewandert bin, bei den Wasserfällen, die mir wuchtig und stark und zart und weich begegnet sind.

Am nächsten Tag bin ich dann doch wieder im Alltag gelandet. Ich kaufe ein, ich höre den Stimmen auf meinem Anrufbeantworter zu, ich begegne meinem Mann und meinen Kindern, ich bin wieder die, die ich war. Aber nicht ganz.

Wenn ich das Leben nicht verstehe, gehe ich manchmal zu Marija und bitte sie, mich zu beraten. Marijas Großeltern waren serbische Bergschamanen. Sie wuchs mit dem Glauben auf, daß die Welt aus vielen Ebenen besteht, daß Geister so real sind wie wir Menschen, daß alles nebeneinander Platz haben kann.

»Marija«, sage ich diesmal, »wie funktioniert Magie im Alltag? Mein Buch ist jetzt zu Ende geschrieben und läßt mich als zweigeteilte Person zurück. Ich lebe in einer sehr erdgebundenen, sehr praktischen Welt und bin doch auch ein Stück in meiner neuen Welt zu Hause. Dazwischen liegt eine Schlucht, zu der mir die Brücke fehlt.«

Marija Skala versinkt in ihrem blauen Ohrensessel, in dem sie immer sitzt, wenn sie in andere Welten schaut. Wie in einen Fernseher, der ihr Bilder zeigt.

»Meine Großmutter war eine einfache Frau«, sagt sie und zündet ihr zu Ehren ein Räucherstäbchen an. »Sie hat gekocht, Betten überzogen, Hühner geschlachtet und ihre Kinder und Enkelkinder großgezogen. Und so ganz nebenbei hat sie Kranke geheilt, Medizin aus Kräutern zubereitet und für Menschen, die Probleme hatten, den Zugang zu den unsichtbaren Welten geöffnet. Ich hing an ihrem Rockzipfel und habe erlebt, daß Magie zum Alltag gehört. Ich erinnere mich genau, ich war erst fünf Jahre alt, da wurde sie zu einer Frau gerufen, die an schrecklichen Krämpfen litt. Der Raum war voll mit Menschen, und als wir uns ans Bett der Kranken setzten, hat meine Großmutter sie nur ein paar Mal berührt. Die Frau schlief nach kurzer Zeit friedlich ein, und meine Großmutter stand auf und strich sich ihren Rock glatt. Dann grüßte sie freundlich und nahm mich an der Hand. Wir gingen nach Hause, sie zog ihre Schürze an und begann die Wäsche zu waschen und das Abendessen zu kochen.«

Marijas Stimme klingt bewegt, als sie von ihrer Großmutter weitererzählt.

»Sie hat mir immer geglaubt, daß ich unsichtbare Wesen sehen kann, von ihr habe ich gelernt, daß Alltagsleben und Magie nicht im Widerspruch zueinander stehen. Ganz im Gegenteil, Magie funktioniert um so besser, je realistischer, je erdgebundener wir sind. Wer abhebt, hat nicht die Kraft dafür, dem fehlt der Boden, denn Magie im Alltag ist sehr einfach.«

Sie zeigt auf den Kuchen, der zwischen uns auf dem kleinen Tisch steht.

»Der ist für uns. Er hat die Form eines Sterns. Sterne öffnen uns den Weg zu einem anderen Bewußtsein. Ich habe ihn gestern von einer Klientin geschenkt bekommen. Ich wußte, daß ich ihn noch nicht essen darf, daß er auf etwas wartet.«

Sie betrachtet ihn lange und spricht erst nach einer Weile weiter.

»Es gibt Geschenke, die nehme ich entgegen, und sie verschwinden in meinem Alltag. Aber bei manchen Geschenken liegt Magie in der Luft. Sie riechen magisch oder hören oder spüren sich magisch an. So wie dieser Stern. Bis vor fünf Minuten hatte ich keine Ahnung, wofür ich ihn brauchen werde. Das ist auch etwas, was man für die Magie im Alltag braucht: Geduld. Warten können und im richtigen Augenblick handeln.«

Marija nimmt ein Messer und schneidet den Kuchen an.

»Jetzt ist es klar. Dieser Stern bedeutet nicht nur körperliche, sondern auch geistige Nahrung. Wenn wir ihn jetzt essen, dann nehmen wir die leuchtende Kraft der Sternenweisheit in uns auf. Die Frau, die mir den Kuchen geschenkt hat, heißt Katharina. So wie meine Großmutter. Ich spüre, daß sie ihn uns geschickt hat, denn sie ist für mich untrennbar mit Magie im Alltag verbunden.«

Marija schweigt wieder eine Weile, und ich weiß, daß sie sich in Gedanken mit ihrer Großmutter verbindet, die ihre erste Lehrerin war.

»Wir alle haben ein magisches Bewußtsein, es ist nichts, was außerhalb von uns stattfindet. Bei Kindern ist es noch stark ausgeprägt, dann wird es meistens verschüttet. Es lohnt sich, es wieder auszugraben, denn es ist ein wahrer Schatz.«

Ich lege meinen Laptop, auf dem ich mitgeschrieben habe, zur Seite. Im Kerzenschein, in diesem wunderschönen, friedlichen Raum kommt er mir plötzlich unpassend vor. Ich spüre, daß alles gut ist, daß ich mir merken werde, was Marija mir erzählt.

Als ob sie meine Gedanken lesen könnte, fährt sie fort.

»Magie im Alltag ist auch Vertrauen. Uneingeschränktes Vertrauen in die eigene Intuition und in die eigene Kraft. In Wahrheit gibt es keine Grenzen. Wir sind mit dem Universum ständig verbunden. Wir verschließen uns nur aus Angst vor diesem Wissen, speziell wir Frauen. In unseren Zellen ist die Panik vor der Verbrennung als Hexe gespeichert. Wenn wir uns erlauben, unsere Sinneswahrnehmung zu schärfen, dann erfahren wir, daß alles zu uns spricht. Jeder Gegenstand, jeder Baum, unser Alltag ist voll von Botschaften, die wir entschlüsseln können. Du mußt dich nicht in der Symbolsprache auskennen, um sie zu verstehen.«

Marija steht auf und holt aus der Küche eine neue Kanne Tee.

»Es gibt eine abstrakte und eine praktische Spiritualität. In der abstrakten bewegt man sich in Wahrscheinlichkeiten. Mit der Kraft der Magie wird aus dem Wahrscheinlichen Wirklichkeit. Das bedeutet nicht, daß wir uns nicht der Müdigkeit, den Sorgen, der Frustration, der Krankheit und dem Tod stellen müssen. Was uns Magie im Alltag schenken kann, ist ein anderer Umgang damit. Achtsamkeit, Mitgefühl mit uns selbst und Vertrauen in die Sinnhaftigkeit des Geschehens lassen selbst Schicksalsschläge in einem anderen Licht erscheinen.«

Ich nicke, und für einen Augenblick ziehen Bilder aus meinem Leben an mir vorbei, in denen mich das Leid letztendlich gestärkt hat.

»Die richtige Form, Magie in den Alltag zu bringen, muß jeder für sich selbst entdecken. Ich zum Beispiel habe ein Zauberbuch. Dort klebe ich Sätze hinein, die ich aus der Flut der Werbung ausschneide, die mir die Post täglich bringt. Da stand zum Beispiel in einem Bezirksjournal: ›Sie werden einen Volltreffer landen.‹ Ein paar Tage später las ich: ›Verführen Sie ihn in ihrem schönsten Kleid.‹ Der nächste Satz, den ich in einem Prospekt fand, hieß: ›Erleben sie … heiliger Bimbam.‹ Und irgendwann, wenn ich spüre, daß der Zeitpunkt stimmt, füge ich diese Sätze für mein Zauberbuch zusammen. Ich weiß, daß alles, was ich einklebe, Wirklichkeit wird. Und so war's dann auch mit diesem Satz.«

Sie lacht und erzählt mir von dem Mann, dem sie wenig später auf einem Fest begegnete.

»Ich trug mein schönstes Kleid, er war tatsächlich ein Volltreffer und Sex mit ihm war – heiliger Bimbam …«

Ich bin verblüfft von diesem spielerischen Zugang.

»Ich dachte bisher, daß Magie etwas Ernstes ist.«

»Du mußt spielen wie ein Kind, deiner Phantasie Raum geben, wie nur Kinder es können, dann dürfen auch Wunder geschehen. Der Kosmos lädt uns ein, diese Geschenke abzuholen, denn die Dinge, die uns zugedacht sind, liegen schon in der Luft. Sie sind für uns da, wir müssen nur nach ihnen greifen«, sagt Marija mit vergnügter Stimme und wird dann wieder ernst. »Wer so handelt, braucht vor Magie keine Angst zu haben. Wer jedoch mit aller Gewalt Geschehnisse manifestieren will, die manipulativ sind, kann sich selbst und anderen schaden. Weiße Magie ist für mich, wenn ich meine Wahrnehmung für die Dinge schärfe, die jeder sehen kann, wenn er will. Das Unsichtbare ist sehr sichtbar. Wenn ich dann eine Zeremonie, ein Ritual gestalte, dann hat es Kraft.«

Es klopft an der Türe und Marijas Sohn Robin kommt herein.

»Darf ich Klavier spielen«, fragt er, und Sekunden später fließt aus dem Nebenraum zärtliche Musik und verzaubert diesen Abend noch mehr.

»Magie im Alltag braucht Hingabe und Leidenschaft«, sagt Marija jetzt. »Für das Kochen, für das Putzen, für jede kleinste Handlung. Alles ist Magie. Wenn ich zum Beispiel meine Wohnung saubermache, dann muß ich wissen, daß ich nicht nur den Staub und den Schmutz wegwische. Denn es sind auch Gedanken, Stimmungen, Gefühle, die ganze Atmosphäre eines Raumes, die ich mit meinem Bewußtsein reinigen kann … Ich wische nicht nur meinen Tisch ab, sondern auch das, was um ihn herum geschah. Oder wenn ich die Wäsche in den Wäschetrockner gebe, dann leuchtet in den ersten drei Minuten ein Licht auf. Ich stelle mir dann vor, daß meine Handtücher und meine Bettwäsche jetzt energetisch durchleuchtet werden. Jeder erhöhende Gedanke, den ich der Materie schicke, ist wirkungsvoll.«

»Und wie ist das, wenn du einkaufen gehst«, frage ich neugierig, denn ich empfinde das Füllen unseres Kühlschranks manchmal als Last.

»Ich überlege mir meistens genau, in welcher Stimmung ich bin, und wähle danach den Laden aus, in dem ich einkaufe. Möchte ich anonym durch einen Supermarkt wandern, oder ist es der Markt um die Ecke, der mir jetzt guttut. Auch Namen haben eine Bedeutung. Wenn ich unkonzentriert oder in Eile bin, dann kaufe ich im ›Zielpunkt‹ ein, damit ich mein Ziel genau treffe und die richtigen Lebensmittel in meinem Korb landen. Wenn ich herumtrödeln möchte, gehe ich in den Tante Emma Laden.«

»Und wie war das mit den Männern und der Magie in deinem Leben?«

»Meine Partner haben meine magische Welt sehr genossen. Ich habe nach einem Streit meist eine symbolische Handlung gesetzt. Eine kleine Friedenstaube geschenkt oder schöne Speisen zubereitet, denen ich Namen gab. Wenn der Mann, den ich liebte, zu einem wichtigen Geschäftstermin ging, habe ich eine ›Erfolgssuppe‹ gekocht und meine guten Wünsche hineingerührt. Und wenn ich Angst um ihn hatte, weil er wegfahren mußte und die Straßen eisig waren, dann habe ich in sein Hemd, obwohl ich sonst nie Hemden bügle, Licht, Liebe und Schutz hineingebügelt.«

Ich bügle die Hemden meines Mannes auch nicht. Aber der Gedanke, in sein »Reisehemd« mit einem heißen Bügeleisen Schutz hineinzuplätten, gefällt mir.

»Jede noch so kleine Handlung, die wir bewußt begehen, die wir achtsam in die Welt setzen, bringt Magie in unser Leben, denn sie ist nichts Kompliziertes. Komplizierte Dinge rauben uns die Kraft.«

Und als Marija das sagt, setzt sie sich noch aufrechter hin, als ob sie sich an ihre Achtsamkeit für ihren Körper erinnert.

»Auch Kleidung hat eine Bedeutung«, antwortet sie auf meine Frage, ob sie ihr bunt geblümtes Oberteil bewußt gewählt hat. »Heute fühle ich mich wie eine Blume, die blüht und gedeiht, und so kleide ich mich auch. Es ist wichtig, den Mut zu haben, zu sich selber zu stehen und Dinge zu tragen, die zu unserer inneren Verfassung passen. Und was noch wichtiger ist: keine Regeln, wie Magie funktionieren soll, kein Zwang, denn Magie geschieht, man muß sie nicht rufen. Es genügt, sie nicht zu übersehen. Die Magie, an die ich glaube, braucht keine stundenlangen Beschwörungen, ihr genügt ein Augenblick.«

Sie deutet auf meinen Friedensstab, den ich mitgebracht habe.

»Dein Friedensstab ist ein mächtiges Symbol der Kraft. Er ist deine Verbindung zur Weisheit der Sterne. Wenn du ihn in der Hand hältst, dann kannst du die Wahrheit deines Herzens spüren, er hilft dir, die Fragen des Lebens mit der Weisheit des Kosmos zu beantworten. Wenn die Wintersonne sich wendet, dann gehe in die Natur und weihe ihn. Auch das ist Magie im Alltag.«

Wenn die Wintersonne sich wendet, dann haben sich meine Erlebnisse schon in Geschichten verwandelt, die auf dem Papier stehen. Ich beginne sie bereits loszulassen und mache Platz für neue Geschichten, die langsam wachsen können ...

Bücher zum Nachlesen

Carlos Castaneda: Das Wirken der Unendlichkeit. Frankfurt: Fischer Taschenbuch 2000

Franz Jantsch: Kultplätze im Land um Wien. Unterweitersdorf: Verlag Freya o. J.

Jack Kornfield: Das Tor des Erwachens. Wie Erleuchtung das tägliche Leben verändert. München: Kösel 2001.

Jack Kornfield: Frag den Buddha – und geh den Weg des Herzens. München: Kösel 1996.

Bertl Petrei: Jahrtausende ziehen mit uns. Der Roman der Geschichte und Erforschung des Kärntner Vierberglaufes. Klagenfurt: Verlag Johannes Heyn 1986

Marko Pogačnik: Elementarwesen. Die Gefühlsebene der Erde. München: Droemer Knaur 2000

Marko Pogačnik: Wege der Erdheilung. München: Droemer Knaur 2001

Paul Rebillot, Melissa Kay: Die Heldenreise. Das Abenteuer der kreativen Selbsterfahrung. München: Kösel 1997

Gisela Schinzel-Penth: Sagen und Legenden um das Berchtesgadener Land. Andechs: Ambro Lacus 1982

Christiane Singer: Rastenberg. Geschichte einer Liebe. München: List 1998

Anton Wieser u. a.: Vom Weg über die heiligen Berge. Frauenstein: Anton Wieser im Eigenverlag 1997

Die Autorin steht für Seminare zur Verfügung:

– Abenteuerreise zur inneren Kraftquelle
– Selbstsicher und selbstbewußt
– Lust auf 50
– Lösungsbilder in den Raum gestellt
  (systemische Strukturaufstellungen)
– Einzelcoaching
– Wasserfallwanderungen u. a.

Informationen: Deuticke Verlag, Tel. 0043/1/514 05/281

Adressen der Personen, deren Rituale in diesem Buch beschrieben sind, erhalten Sie ebenfalls beim Verlag.

© Franz Deuticke Verlagsgesellschaft m. b. H., Wien–Frankfurt 2002
Alle Rechte vorbehalten.
Fotomechanische Wiedergabe bzw. Vervielfältigung,
Abdruck, Verbreitung durch Funk, Film oder Fernsehen
sowie Speicherung auf Ton- oder Datenträger, auch auszugsweise,
nur mit Genehmigung des Verlags.
Umschlaggestaltung: Robert Hollinger, Wien
Umschlagfoto: Manfred Horvath, Wien
Druck: Ueberreuter Print und Digimedia, Korneuburg
Printed in Austria

ISBN 3-216-30605-4